# 湘西地区综合运输通道识别及对区域经济发展的影响研究

吴　颖　孟子博　著

湘潭大学出版社

**湖南省自然科学基金科教联合项目:“信息化背景下高职教育助力精准扶贫的路径研究”(项目编号:2021JJ60089)**

**湖南省社会科学成果评审委员会课题“基于运输服务经营主体的湖南省运输结构优化研究”(项目编号:XSP21YBC209)**

**湖南省交通科技项目“湘西地区综合运输网中运输通道系统配置研究”(项目编号:201638)**

# 前　言

2020年，我国脱贫攻坚战取得全面胜利，为切实推进扶贫成果与乡村振兴有效衔接，使扶贫基础更加稳定，成果更加可持续，国家层面对于如何促使脱贫攻坚与乡村振兴有效衔接作出了总体部署，为做好当前和今后一个时期巩固脱贫攻坚、助力乡村振兴工作指明了方向。

运输通道规划建设的目的是为巩固脱贫攻坚成果和区域经济社会均衡发展服务。运输通道对于区域发展非常重要。一般认为运输通道规划建设可以促进人和物的流动，对区域发展的影响都是积极的，但是实际上通道对区域的发展不仅有积极的作用也有消极的作用，特别是两个区域之间贫富差距较大时，此问题更突出。因此，必须综合分析运输通道对区域经济的影响，为运输通道规划建设决策提供理论支持。

本书综合运用交通规划、运输经济、统计分析等相关理论对湘西地区综合运输通道的识别和影响等进行了研究。

综合运输通道是在城市群区域由城市之间的路段组成的运输路径，每条运输路径均由多种运输方式组成，运输通道上的运输资源集中，路段运输量明显高于周边路段。综合运输通道的快速和大运量可为区域经济发展吸引商务投资、人力资源、旅游消费和生产资料，因此，综合运输通道对区域经济发展至关重要。综合运输通道在规划阶段以后，随着经济社会环境的变化需要优化调整，主要从三个方面对运输通道进行分析：一是综合运输通道的识别；二是综合运输通道布局对区域经济发展的影响；三是综合运输通道内部资源配置。通过这三个方面的工作可以掌握综合运输通道的变化与发展规律，提高通道布局调整对区域经济发展的促进作用，为通道内运输企业提供经营决策依据。

作　者

2022年4月

# 目　录

# 第一章　绪　论

## 1.1　研究意义

1. 理论意义

综合运输通道是由多种运输方式构成的、大运量、运输企业集中、区域经济相对活跃的综合运输走廊，是运输网络的主骨架。[1]运输通道的布局规划中，运输通道是根据经济和地理的因素，由政府建设并引导形成的，但是，实际的运输通道则是在综合运输网络体系中，根据经济社会发展所产生的运输需求自然形成，特别是在经济发展欠发达地区，有时实际通道路段与规划的运输通道重合，有时不在规划的运输通道体系中，如图 1.1 所示。识别出区域综合运输网络中的实际运输通道，是优化通道和资源配置的关键。目前，国内外对区域综合运输通道的识别主要以定性识别为主，很难准确掌握运输通道的各个路段和相关信息。因此，需要建立区域综合运输网络模型和通道定量识别的方法，准确掌握运输通道路段的相关信息。

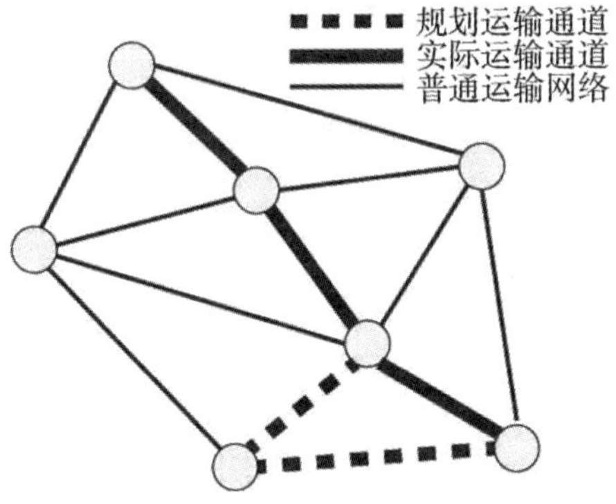


图 1.1　规划运输通道与实际运输通道对比示意图

运输通道规划建设的目的是为区域经济社会发展服务，通道对于区域发展非常重要。一般认为运输通道规划建设可以促进人和物的流动，对区域发展的影响都是积极的，但实际上通道对区域的发展不仅有积极的作用也有消极的作用，特别是两个区域之间经济发展水平相差比较大时，此问题更突出，如图 1.2 所示。因此，必须综合分析运输通道对区域经济的影响，为运输通道规划建设决策提供理论支持。

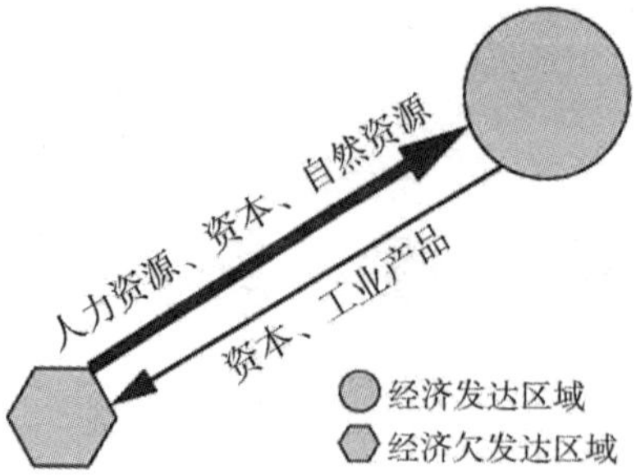


**图 1.2　经济发展水平不同的区域之间通道内各要素的流动示意图**

2. 实际意义

运输通道包括交通基础设施以及在通道上运行的各类运输资源，作为运输通道上的供给侧，各类运输资源彼此协调发展，运输通道对区域发展的效用才能得到充分发挥，特别是近期高铁的快速发展，对长、中、短途公路客运均造成了较大的影响，综合运输通道上的公路客运应该如何发展，通道内部公路、铁路和水路运输应该怎样均衡发展，已成为运输通道内各类运输企业思考的重要课题。因此，综合运输通道内部发展研究将是通道运营管理的关键。

对运输通道整体的分析，是对现有运输通道优劣的评价，也是对运输通道优化配置后效果的评价。由于管理、运营和使用运输通道的主体不相同，因而运输通道整体分析是一个多主体多目标的综合评价问题。优化是运输通道研究的最终目的，由于通道运输需求只能预测无法改变，因而运输通道优化研究主要集中在对基础设施整体布局进行调整，对运输通道内部运输资源合理配置和运输企业的研究较少，而运输通道供给侧的调整对通道优化同样重要。综合运输通道优化必须依赖于综合运输网络模型、运输通道识别、运输通道对区域发展的影响以及运输通道内部分析。因此，建立综合运输通道的识别、影响分析和资源配置方法，对运输通道规划和建设，运输供给侧改革和优化资金利用，实现通道内部运输方式合理分工，都具有重要意义，尤其是在经济欠发达地区，建设资金匮乏的情况下。

## 1.2　国内外研究现状及分析

综合运输通道研究出现在 20 世纪 70 年代，是综合运用运输经济、运输地理、系统科学等知识形成的一个新理论，主要研究客货运输形成的经济基础、运输网络和运输枢纽的合理布局以及运输结构的合理配置。

### 1.2.1　国外研究现状分析

对运输通道的理论研究最早开始于北美地区。在 20 世纪 60 年代，美国运输部设立了专门的运输通道建设机构，先后编写了《运输通道项目规划》《波多黎各运输通道可行性研究》《东北运输通道可行性研究》等报告，加拿大运输研究机构也完成了《埃德蒙顿—卡尔加里运输通道研究报告》，这些报告主要研究各种运输方式集中区域运输结构的优化配置。[1]

国外对运输通道的相关研究主要有：Vilain 和 Wolfrom 研究客货运输量重叠形成运输通道问题，在连接美国新泽西州及纽约市的主要路口观测到货运车辆与小客车早高峰出现时间高度重合[2]。Kenmochi 等研究表明在日本东京都市圈范围内，货运车辆与客运车辆集中出现的时间和路段均非常接近，这些客货运输量集中的路段构成城市群运输通道[3]。Yosef Sheffi 研究综合运输网络必须具备的特征，包括空间覆盖率、可靠性、安全性、便捷性、服务质量等[4]。Bell 构建基于客流和物流的综合交通网络模型，并具备运输时间、成本、输送能力、运输方式等属性[5]。Taaffe 研究了运输网络演化过程，从脊柱型网络到三角形网络[6]。Bell、Tomer Toledo 等研究运输网络中基于 OD 矩阵估计的运输路径流量预测等问题[7-9]。Bin Ran、David E. Boyce 等构建运输网络中的动态均衡分布模型并研究了运输网络中运输路径的选择[10-11]。James G. A. 提出基于运输路径长度离散分布的运输网络连接性评价指标的计算[12]。Garling、David Henser 研究运输网络客运需求方式选择，将心理学的相关指标引入选择模型中[13-14]。Fadden、C. Winston 研究将多元 Probit 模型用于运输网络中货运需求方式的选择[15]。Ham、Geerlings H.、Jones、Deakin E. 研究在制定运输发展战略时，应充分考虑各运输方式的优势，构建一体化交通运输系统，保障经济社会的发展[16-20]。Fernandez，J. E.，Chang，NCHRP 从城际间货运交通的供需平衡、区域客运综合运输通道、城际客运通道对综合运输通道能力的综合运输网络平衡模型进行相关研究，构建运输网络平衡模型[21-23]。Hjoon Chang 通过对综合运输通道中的竞争性运输方式的时空网络结构分析，建立了一个静态的市场占有率分配模型[24]。David Chapma、Dick Pratt、Peter Larkham 从英格兰的中部通道规划出发，对通道的含义进行了分析和说明[25]。Hugo Priemus、Christina Diakaki、Rana P. S 等对运输通道的管理、控制和仿真进行了研究[26-28]。在运输通道与区域经济发展研究方面，Matthew G. Karlaftis 利用 DEA(Data Envelopment Analysis)方法研究了交通运输与规模经济的问题，引用美国运输系统近 5 年的数据进行分析[29]。Osuji、Loo Lee Sim、Eran Feitelsonl、Van Henggel 等对运输通道和土地价值、周边居民的相互影响进行了分析[30-33]。Frankdouma、Kenneth A. Kriz 从管理、经济影响、资金筹措、设计和周边居民影响五个方面对运输通道的规划进行研究[34]。Covil James L.、Castle David E.、Zuelsdorf Robert J. 对未来运输通道发展趋势和特点进行了分析[35]。Randolph W. Hall 和 Takagi、Kiyoharu 等分别从高速公路和铁路等单一运输方式方面对运输通道规划进行了一定研究[36-37]。Yao 等采用 NL(Nested-Logit)模型分别建立了基于 RP 数据(Revealed Preference Data)、SP 数据(Stated Preference Data)和 RP＋SP 数据的不同运输方式的分担率预测模型,以分析日本城际铁路建成运营对现有的常规铁路、公路客运、民航和小汽车出行的影响[38]。Park 等采用 BL(Binary Logit)模型建立了首尔一大邱运输通道内高速铁路和航空运输的分担率模型[39]。Roman 等采用 NL 模型分析了马德里一萨拉戈萨和马德里一巴塞罗纳运输通道内高速铁路对私人小汽车、长途汽车、航空运输的影响[40]。

可以看出,国外的通道运输相关研究工作都集中在以下几个方面:运输网络模型的构建和运输通道的识别;运输网络中各种运输方式的选择;运输通道对周边经济社会发展的影响;运输通道的规划和可持续发展;运输通道需求的分析、预测;综合运输的新技术;各种运输设备的匹配与布置。发达国家对运输通道理论研究的一个主要结论是:要把有限的资金投入到客货密集的运输通道上,因地制宜地大力开发和建设各具特色的综合运输通道,以解决国家交通运输系统中的关键问题,满足经济和社会发展的需要。

发达国家对运输通道进行了大量的研究,但由于各个国家的实际情况不同,理论与实践的侧重点不同,且多从单一的运输方式或某一具体运输通道的角度进行研究,没有系统地提出规划阶段之后实际综合运输通道的识别和影响分析的方法。

### 1.2.2 国内研究现状分析

张文尝教授从运输经济区域划分的角度对运输通道进行定义:运输通道是连接不同区域的重要和便捷的一种或多种运输干线的组合[41]。朱建梅教授从运输节点和交通流角度对综合运输通道的定义:运输通道是指在一定区域内,连接主要经济点、生产点、重要城市和交通网枢纽,其间具有已经达到一定规模的、共同的、稳定的交通流,以及为承担强大交通流而建设的具有综合交通运输能力的交通运输线路的集合[42]。这是国内关于运输通道和综合运输通道较完整的定义。

我国从 20 世纪 80 年代开始运用运输通道理论指导交通规划工作,但多集中在干线通道的规划方面。其主要的研究工作有:1985 年交通部《2000 年水运、公路交通科技、经济和社会发展规划大纲》提出全国综合运输网建设着力于开发完善不同运输方式组成的八条运输大通道。1986—1989 年,中国科协组织专家完成的《中国交通发展战略研究与建议》,提出全国六组通道建设方案,分别是:①能源基地煤炭外运通道;②进出山海关通道;③东部地区南北通道;④中部地区东西通道;⑤西南地区外运通道;⑥西北地区外运通道。

近年来,我国对运输通道的研究已从单一运输方式的干线规划转向综合运输通道规划,其中理论研究工作主要有:黄承锋教授以现代综合运输观念为指导,将运输通道界定为客货流的流经地、线路、运载工具及管理系统的总和,对运输通道的结构、发展、管理及其影响做了深入、系统的研究,拓展了运输通道理论的研究范围,在运输通道整体的技术经济特征概括,分析通道运输市场结构变动的竞争,阐明封闭型、开放型线路存在着不同聚集扩散形态等方面做出了创新工作[43-44]。张迦南从系统分析和定量优化的角度对当前规划方法进行比较和分析,并展望综合运输通道规划研究的方面,包括技术经济指标及量化、综合运输通道与社会经济互动、运输方式合理分工和货物运输分析等[45]。王建伟教授研究在通道区位确定后，应首先配置哪一种运输方式或运输系统，通过对运输通道能力结构的分析，提出了按速度链和批量链构建的通道能力结构。在分析了铁路、水运能力测度的基础上，提出了公路运输能力的测度公式，并根据“短桶帮”原理，提出了线路能力的确定方法，建立基于运输需求成本，以社会运输成本来分析与评价各种运输方式的技术经济特征[46-47]。何甜、朱翔、郑亮通过运输通道场理论计算并对比分析了节点城市经济发展因子、聚散规模量因子、聚散规模质因子、广义运输成本、场势和场势差，探索交通对区域经济的作用和影响[48]。卢毅教授对长株潭城市群运输通道进行了深入分析研究，形成了区域运输通道选择理论和方法，构建了区域运输通道的综合评价模型，以及适应性评价与布局优化方法[49-53]。黄中祥教授提出运用系统思维，从整体性、层次性、开放性和环境适应性等四方面对区域交通网络布局进行合理规划，并研究区域运输通道定量识别的方法[54-55]。

运输通道规划的研究工作主要有：江小群从运输通道的结构、差异和特征对我国运输通道的空间布局和演化趋势进行了研究[56]。吴明等引入经济势能联系模型，在对基年运量分布情况进行修正的基础上，对未来的客货运量进行预测，研究运输通道规划的优化方案[57]。王元庆等将区位理论、功能分析、方式优势分析等环节纳入通道布局规划，增强运输通道线位确定、功能规划、衔接规划、技术评价方法的协调性，在规划布局阶段实现多种运输方式协调发展[58]。王争鸣通过对铁路在交通走廊中核心作用的研究，从战略层面提出国际、国内铁路通道的布局方案，并对国内通道路网构成及重要节点的规划方案进行研究[59]。于洋等研究疆煤外运铁路运输通道的组成和布局，并对运输组织优化方案、铁路通道适应性进行了分析研究，提出了适合疆煤外运的铁路运输通道布局方案[60]。刘鹏在分析新时期综合运输通道内的货运现状和货运需求特性变化的基础上，研究综合运输通道内高速铁路与其他运输方式货运市场的竞合机制与对策[61]。付建飞通过分析交通比价关系研究现状，提出采用层次分析法进行运输通道客运比价关系研究[62]。谢超达、王喜富分析客货混合城市公路运输通道的拥挤特性，证明目的地边际效用增长率较高的用户会更早到达，拥挤特性在无收费用户均衡以及社会最优收费的状态下均存在[63]。

综合运输通道相关模型的研究工作主要有：包丹文、顾佳羽、贾俊华通过引入通行能力影响因子以及区分交通流类型的方法，建立了组团间运输通道的行程时间可靠性测算模型，同时构建运输通道可靠性最大和用户平衡最优的双层优化模型[64]。朱鸿国、赵文静、马壮林、胡大伟研究运输通道内长途汽车、常规铁路、高速铁路和城际铁路 4 种运输方式的客流分担率测算问题，提出采用两层 NL 模型构建各种运输方式的客流分担率预测模型[65]。刘帅、唐伯明、陈坚构建运输通道上各客运方式市场分担率与运输价格关系的双矩阵博弈模型，该博弈模型具有价格均衡解，在外界情况变化时，通过博弈通道内高速铁路和高速公路大巴价格可以达到利润最优状态[66]。姜攀、杨家其、房瑞伟从管理的决策部门和利用通道出行的个体两个层面构建城市群综合运输通道双层规划模型，以使通道的社会效益最大化和个体广义费用最少[67]。邵俊杰教授着重针对货运通道演变、通道与经济发展互动关系、货运通道内竞争力模型及基于系统成本的货运通道规划四方面展开了较深入的研究，构建了基于改进 Logit 模型的通道内运输方式竞争力模型，并提出了可操作的参数标定与选择方法[68-69]。王春芝研究基于运输费用、运输时间和运输距离的国际物流通道，通过灰色局势决策理论构建运输距离最短和运输时间最少的通道选择决策模型，构建多目标综合效果评价矩阵[70-71]。姜攀从政府和运输需求用户两个方面构建城市群综合运输通道决策双层规划模型[72]。白骅研究多目标 0－1 混合整数线性规划的运输量分担率规划模型，实现运输通道货物运输成本最小化和需求满意度最大化[73]。彭辉研究运输方式选择和客流分担率，并构建城市群城际运输通道旅客运输方式合理分担率模型[74]。朱从坤研究区域运输通道中运输方式旅客最优和运输系统最优，并构建多目标客运量分担率计算模型[75]。帅斌对通道 OD 矩阵推算算法进行了研究[76]。朱晓宁研究集装箱多式联运通道，并运用 FHW 理论构建集装箱多路径概率配流模型[77]。胡文友、黄苏才采用多维 Logit 模型分别构建公路运输通道内的车辆出行路径选择模型和高速公路通道运输结构合理配置模型[78-79]。朱鸿国研究两层 Logit 模型构建各种运输方式的客流分担率预测模型[80]。王建强研究综合运输通道中各种运输方式间的非线性关系，并构建一种适用于通道内多种运输方式间耦合度计算的通用模型[81]。

目前，国内关于综合运输通道理论和综合运输通道的分析、规划方法的研究已经初步形成，从单一运输方式对一些具体的运输通道规划进行研究，并提出相应的系统性运输通道理论。但是，对于综合运输通道的界定原则、特点没有明确；对运输通道的布局主要集中在规划阶段，较少对现有综合运输网络中的综合运输通道进行识别；对通道的形成过程以及变化过程分析较少；对综合运输通道对区域经济的影响研究较少；对运输通道内部的研究主要集中在运输方式之间的竞争，较少对运输企业以及不同运输工具和创新运营模式进行研究。

### 1.2.3 发展趋势及研究的必要性

对综合运输通道的研究主要从两个方面开展：第一是建立理论分析体系，完善综合运输通道的定义、形成机制、变化原因并提出优化的方案；第二是通过构建模型进行数据分析，识别并评价运输通道的优劣，为优化方案提供数据支撑。随着大数据时代的到来，对运输通道的模型研究、数据分析成为未来研究趋势。但是，也应该看到很多地区特别是经济欠发达地区的综合运输通道研究数据的获取依然较难，没有形成完善的运输通道数据采集和统计的方法，必须依靠大量的实地调研和定性的理论分析进行弥补。

综上所述，面对未来利用大数据分析综合运输通道的研究趋势，以及目前数据获取困难的实际，有必要在大量现场调研的基础上，将定性的理论分析与定量的数据模型分析相结合，进行综合运输通道的研究。

## 1.3 研究内容

综合运输通道规划与管理是一个复杂的系统工程，本书重点研究综合运输网络形成后，综合运输通道的识别、效用分析和资源配置，如图 1.3 所示。

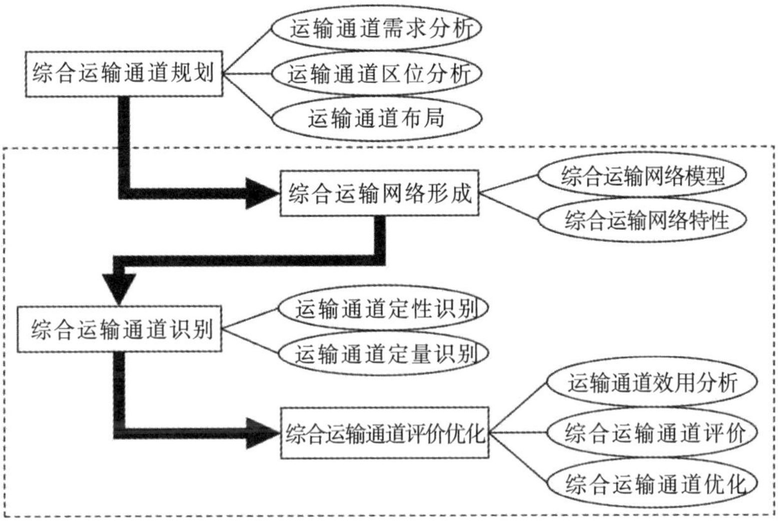


图 1.3 研究内容

具体包括五个方面：

1. 综合运输通道网络的系统分析和界定

对研究的综合运输通道网络范围进行界定，分析综合运输通道的特点和需求，构建综合运输网络模型，在此基础上，根据各种运输方式的特点，构建综合运输网络上各运输方式的输送能力和运输需求成本函数。研究在实地调研和经济统计数据基础上的运输需求空间分布预测的方法。

2. 综合运输通道识别

分析综合运输通道形成的影响要素，以及综合运输网络中运输通道的形成和演化过程。根据运输聚集效应的原则，分析综合运输网络中可能形成运输通道的节点城市和路段，对综合运输通道进行定性识别。

根据构建的区域综合运输网络模型，利用蚁群算法分布优化和潜在并行性的特点，模拟区域运输需求对运输路径的选择过程，建立仿生算法的区域综合运输通道定量识别方法。结合不同时期区域综合运输网络和需求的变化情况，研究用户优化、系统优化和随机优化均衡模型在运输通道不同时期的应用，建立基于均衡模型的区域综合运输通道定量识别方法。

3. 综合运输通道效用研究

从影响区域经济增长的综合运输通道相关因素分析，证明综合运输通道整体对区域经济增长的效果。分析综合运输通道对区域内城市发展的贡献机理，研究综合运输通道连接的不同区域和城市之间空间自相关性，分析局部综合运输通道对不同经济发展水平的区域和城市经济发展的影响。进一步构建综合运输通道的空间效应模型，分析局部综合运输通道内各类运输资源的投入对区域经济发展的影响。

4. 综合运输通道内部供需均衡研究

对综合运输通道内部运输需求的影响因素进行分析，构建综合运输通道内部需求客户的运输方式选择模型，得到需求均衡状态下各运输方式需求量的占比。构建综合运输通道内部供给侧决策模型，得到供给均衡状态下各运输方式企业运输资源投入占比，并与运输需求量占比进行对比分析。进一步研究不同消费群体在相同运输方式下对不同运输工具的选择，分析通道运输企业内部运输结构的变化。

5. 综合运输通道评价和优化

从综合运输通道需求客户、政府和运输企业三个视角分析通道的合理性，选取综合运输通道指标构建评价指标体系和综合评价法。从局部布局调整、供给结构调整和企业转型三个方面对运输通道资源优化配置进行研究。

## 1.4 研究方法及技术路线

### 1.4.1 研究方法

本书针对已建设的综合运输网络的运输通道识别、影响分析和配置优化开展研究。研究对象可进行抽象的模型化，但是难以获得足够的数据进行分析，因此采用理论研究—数据分析—实证研究的总体研究方法。研究过程中使用的主要方法包括：

1. 现场调研

由于综合运输网络运输需求的数据不足，需要对各节点城市的客货运输需求进行OD调研，并得到先行出行矩阵。此外，还需要对运输通道内部运输企业进行调研，尽量获得运输企业运营成本、运输工具和劳动力等数据，掌握通道运输企业运作的新模式。

2. 定性分析

通过对运输通道现场调研所获得的资料，分析运输通道的本质和内在发展规律，对综合运输通道的概念进行总结，对通道的特点进行归纳，分析通道形成的机理。

3. 模型方法

构建综合运输网络模型，以及通道区域的运输需求空间分布预测模型；构建基于蚁群算法的综合运输通道定量识别模型；构建运输通道内部供给侧决策模型，分析通道内部的供给均衡状态；构建综合运输通道局部布局优化模型和供给结构优化模型，研究综合运输通道的优化方案。

4. 数量研究法

通过对运输通道与区域经济发展、通道路径和运输成本等数量关系的分析研究，认识运输通道对区域经济发展的作用，以及运输通道内部运输资源配置对区域发展的作用。

5. 实证研究

通过对湘西地区综合运输通道的实证分析，证明本书所构建的综合运输通道理论和模型在实际运输通道管理运营中的作用。

### 1.4.2 技术路线

研究拟从综合运输网络的运输通道识别入手，分析区域经济发展与综合运输通道的空间自相关和空间效应，分析通道内需求均衡和供给均衡状态，完成综合运输通道的评价和优化。

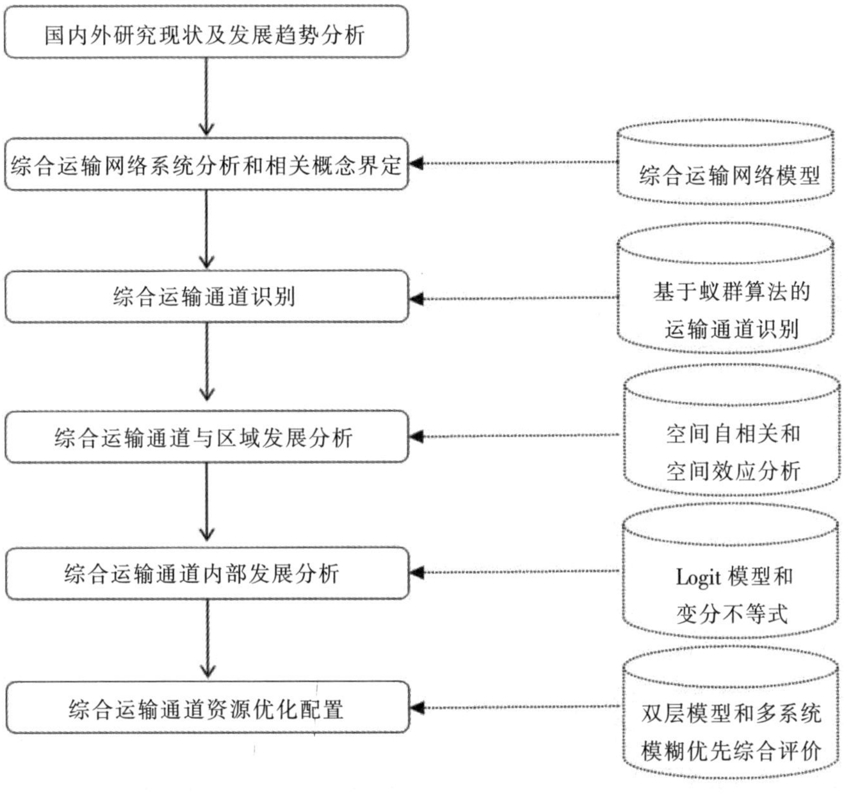


图 1.4 研究技术路线

## 1.5 章节安排

本书后续章节及结构、内容具体安排如下：

第二章主要对研究的对象进行界定，系统分析区域综合运输网络和运输通道。首先，确定区域综合运输网络的范围，定义区域综合运输通道的概念；其次，分析通道的特点和需求，构建基于公路、铁路和水路的区域综合运输网络模型；最后，研究区域范围内运输需求空间分布。

第三章主要研究区域综合运输通道的形成和识别。首先，分析区域综合运输通道的形成机理；其次，研究区域综合运输通道的定性识别方法；最后，研究区域综合运输通道的定量识别方法。

第四章在通道识别的基础上主要研究综合运输通道对区域经济发展的影响。首先，分析影响区域经济增长的综合运输通道相关因素；其次，研究基于综合运输通道的区域内外各城市之间的空间相关性；最后，研究综合运输通道上运输资源投入对区域经济的影响。

第五章进一步研究区域综合运输通道内部各运输方式的供需均衡。首先，研究基于需求均衡的通道内部各运输方式需求选择；其次，研究基于供给侧均衡的通道内部各运输方式资源投入；最后，研究运输方式内部运输模式和运输工具结构的合理性。

第六章研究综合运输通道资源优化配置。首先，从用户、政府和企业视角对通道资源合理性进行分析；其次，构建综合运输通道可持续发展的评价指标和模型；最后，研究区域综合运输通道优化路径和方法。

第七章总结本书所取得的研究成果，计划以后进一步研究的内容。

# 第二章　区域综合运输网络

形成综合运输通道的区域综合运输网络是一个复杂的系统，涉及各等级的公路、铁路、航道，各等级的车站、码头，还有综合运输网络中城市的各类运输需求。本章着重对综合运输通道进行定义，对形成通道的区域运输网络的通行能力和运输成本进行分析，研究区域综合运输网络范围内的运输需求。

## 2.1　综合运输通道定义

综合运输通道是在城市群区域由城市之间的路段组成的运输路径，每条运输路径均由多种运输方式组成，运输通道上的运输资源集中，路段运输量明显高于周边路段。综合运输通道的快速和大运量可为区域经济发展吸引商务投资、人力资源、旅游消费和生产资料，因此，综合运输通道的优化对区域经济发展至关重要。

### 2.1.1　综合运输通道的服务范围

本书研究的综合运输通道的服务范围是指南北方向 200～500 km、东西方向 200～500 km 的范围内。在我国，该区域范围相当于多个地级市的范围。在这个区域内，联通各城市的主要公路、铁路、航道，以及车站、码头构成该区域的综合运输网络，而其中运输量和运输资源集中的部分构成了区域综合运输通道。

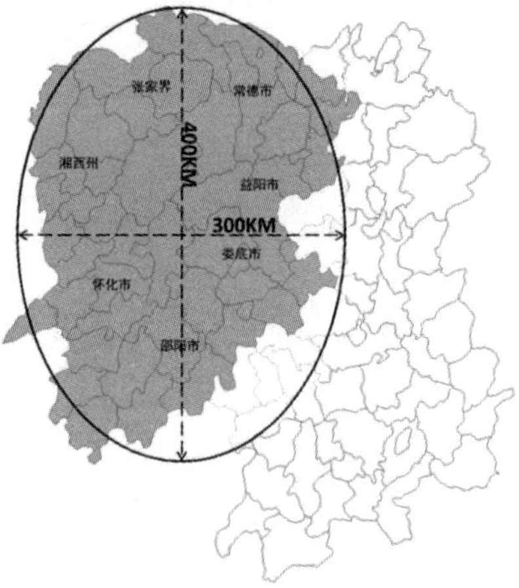


图 2.1　研究区域示意图

由于运输通道形成需要大量的运输需求,区域内联通的城市是指城市常住人口在 25 万人以上,拥有较大交通运输需求的城市。根据我国公路等级的划分,区域综合运输网络的公路包括:高速公路、一级公路、二级公路。其他等级的公路由于通行能力较小而不作为综合运输通道的研究范围。根据我国铁路路网等级,区域综合运输网络的铁路包括:高铁级铁路、国铁Ⅰ级铁路、国铁Ⅱ级铁路。区域综合运输网络的航道包括:Ⅰ级(可通航 3 000 t)、Ⅱ级(可通航 2 000 t)、Ⅲ级(可通航 1 000 t)一共 3 级航道[97]。区域综合运输网络的汽车货运站场包括:Ⅰ级(年换算货物吞吐量 $600\times10^3$ t 以上)、Ⅱ级(年换算货物吞吐量 $300\times10^3$ t ～$600\times10^3$ t)、Ⅲ级(年换算货物吞吐量 $150\times10^3$ ～$300\times10^3$ t)、Ⅳ级(年换算货物吞吐量不足 $150\times10^3$ t)[98]。区域综合运输网络的汽车客运站包括:Ⅰ级客运站(日发量在 10 000 人次以上)、Ⅱ级客运站(日发量在 5 000 人次以上、不足 10 000 人次的车站)[99]。根据我国铁路站场等级划分标准,区域综合运输网络的铁路站场包括:特等站(日均换乘 20 000 人次以上,日装卸车 400 辆以上)、一等站(日均换乘 8 000 人次以上,日装卸车 200 辆以上)、二等站(日均换乘 4 000 人次以上,日装卸车 100 辆以上)、三等站(日均换乘 2 000 人次以上,日装卸车 50 辆以上)。根据我国内河常见港口的通过能力,区域综合运输网络的港口包括:Ⅰ级(1 000 t 级以上)、II 级(500～1 000 t 级)、Ⅲ级(500 t 级以下)。

### 2.1.2　综合运输通道特点

综合运输通道规划理论是运输网络发展到综合运输阶段后形成发展起来的,最初的观点是将其视作连接两个或两个以上城市地区的束状的交通基础设施,被看作城市和地区间同种或不同运输方式的运输线路的集合[83]。

综合运输通道的概念是:运输范围在 200～500 km 以内的城市群区域,由连接该区域部分节点城市的一条或多条运输路径组成,每条运输路径均由多种运输方式组成,所构成的运输路径的路段运输资源集中，运输量明显高于周边路段。

按照运输通道空间层次和经过范围，运输通道可分为广域综合运输通道、区域综合运输通道、城市对外运输通道三类。本书主要研究的区域综合运输通道具有以下特点：

(1)区域综合运输通道主要由不同运输方式的运输路径组成，每一条运输通道就是连接区域部分节点城市的运输路径。

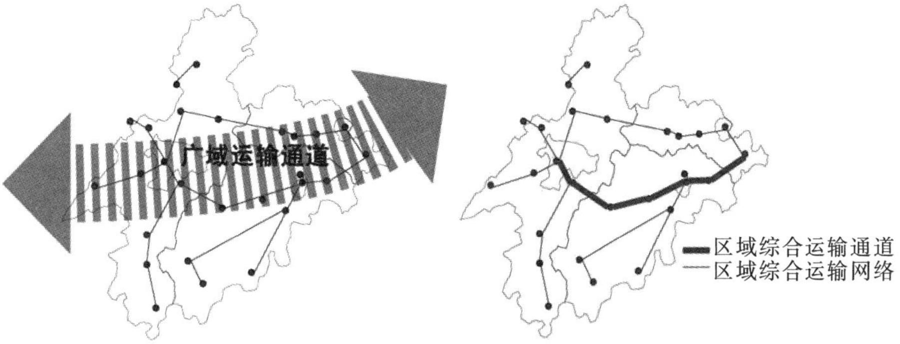


**图 2.2　广域运输通道与区域运输通道示意图**

(2)区域内部各节点城市以及区域周边的运输需求不同，同时，综合运输网络联通程度不同，因此区域综合运输网络中存在多条运输通道路径，而且各运输通道路径的走向不一致。

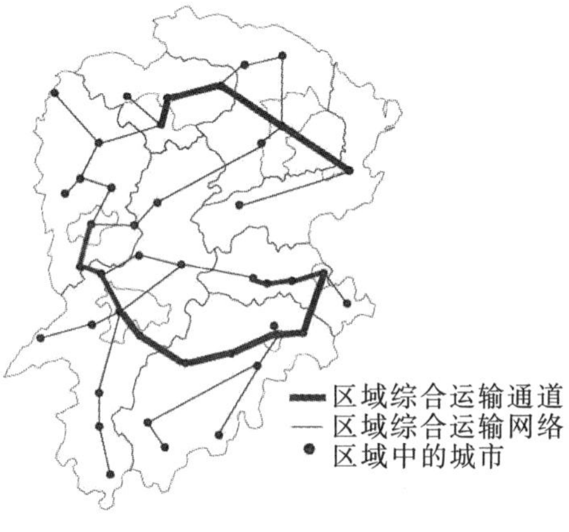


**图 2.3　区域综合运输网络中的运输通道示意图**

(3)区域综合运输通道上的节点城市具有较完善的运输中转基础设施，能够实现各种运输方式之间的转换。

(4)区域综合运输通道运输量大。由于区域综合运输通道上的基础设施完善，在运输成本和运输时间上具有较大优势，因此承担了区域城际间主要的客货运输工作。

(5)区域综合运输通道的构成包括交通基础设施、运输需求市场以及运输服务企业。

### 2.1.3 综合运输通道需求分析

1. 基本概念

区域由多个具有一定规模的城市(人口25万人以上)组成,在政治、经济、文化上辐射到一定的社会和地域空间。区域综合运输需求是在这些城市的经济和社会发展中对人与物空间位移产生的需要,它是客观存在的,不受运输供给、运营管理体制等因素的制约,且不针对具体的交通运输方式。

2. 区域综合运输需求的特点

区域综合运输需求主要包括货运需求和客运需求。

(1)货物运输需求。

货物运输需求主要是指由区域经济发展过程中的生产和消费产生的运输需求。根据产业的划分,第一产业的货运需求主要是农产品和生产原料。这部分运输需求的特点是:单次运输量大,对运输时间要求低,受运输价格的影响大。第二产业的货运需求主要是直接商品或半成品。这部分运输需求的特点是:单次运输量较大,对运输时间要求较高,受运输价格影响,对运输基础设施设备有一定要求。第三产业的货运需求主要是随着现代电子商务的发展而产生的各类快递需求。这部分需求的特点是:单次运输量较小,对运输时间要求很高,受运输价格的影响较小,对运输基础设施设备的要求较高。

(2)旅客运输需求。

旅客运输需求主要是指由区域经济社会发展而产生的人的出行需求。根据旅客出行的目的,可以分为商务客运需求、旅游客运需求和打工客运需求。商务客运需求的特点是:对时间要求很高,对交通基础设施和运输工具要求较高,不受运输价格的影响。旅游客运需求的特点是:对时间要求不高,对交通基础设施和运输工具有一定要求,受运输价格的影响较小。打工客运需求的特点是:对时间要求不高,对交通基础设施和运输工具没有要求,受运输价格的影响很大。

## 2.2 区域综合运输网络模型

### 2.2.1 模型假设条件

(1)区域综合交通网络的运输方式包括铁路、公路、水路,暂不考虑航空运输和管道运输方式。

(2)节点城市的车站、码头和机场的通过能力仅对在该节点城市换乘的运输需求有影响,不在该节点换乘的运输需求,在该节点的运输成本为零。

(3)区域所有的运输需求只通过综合运输网络来实现,综合运输网络以外的运输基础设施仅服务于所在节点城市的内部运输需求。

(4)节点城市的车站、码头和机场之间的运输距离忽略不计。

(5)区域综合运输网络中的公路、铁路和水路均是双向通行的。

(6)路段运输时间不受运输量的影响。

(7)路段运输量直接影响运输成本。

(8)运输客户必须通过运输企业才能完成运输需求,将私家车归于定制化班线运输。

(9)不考虑特种运输的情况。

(10)不考虑路面不平整度、气候、地形、坡度、交织区、匝道和车道宽度等对路段通行能力的影响。

### 2.2.2　网络模型

根据图论理论将综合运输网络抽象为节点和边的集合。节点代表区域综合运输网络中的节点城市,它们是运输需求的产生和吸引点,也是运输网络中各种运输方式的换乘点。边代表区域综合运输网络中两个节点城市之间存在由公路、铁路和水路组成的路段连接。有向图 $G=(N,A)$,式中,$N$ 表示节点城市的集合,$A$ 表示连接 $N$ 中节点城市的路段集合,其中节点城市的数量为 $n$,总路段数为 $m$,各运输方式的路段数分别为 $m_{公}$、$m_{铁}$、$m_{水}$,其中 $m \leqslant m_{公}+m_{铁}+m_{水}$。

常见的运输网络图的数据结构表示方法有关联矩阵法、邻接矩阵法、权矩阵法和邻接目录表法。

1. 关联矩阵法

根据综合运输网络的节点城市与路段的关联情况,综合运输网络模型由公路、铁路和水路 3 个关联矩阵构成。

$$\boldsymbol{G}=\begin{cases}(g_{公ip})\\(g_{铁ip})\\(g_{水ip})\end{cases} \tag{2.1}$$

$$g_{公ip}=\begin{cases}1,节点城市\ i\ 与公路路段\ p\ 有关\\0,节点城市\ i\ 与公路路段\ p\ 无关\end{cases} \tag{2.2}$$

其中:$i=1,\cdots,n,p=1,\cdots,m_{公}$。

$$g_{铁ip}=\begin{cases}1,节点城市\ i\ 与铁路路段\ p\ 有关\\0,节点城市\ i\ 与铁路路段\ p\ 无关\end{cases} \tag{2.3}$$

其中:$i=1,\cdots,n;p=1,\cdots,m_{铁}$。

$$g_{水ip}=\begin{cases}1,节点城市\ i\ 与水路路段\ p\ 有关\\0,节点城市\ i\ 与水路路段\ p\ 无关\end{cases} \tag{2.4}$$

其中:$i=1,\cdots,n;p=1,\cdots,m_{水}$。

2. 邻接矩阵法

根据区域内各节点城市之间公路运输、铁路运输和水路运输的连接关系，分别构造 3 种运输方式的二维数组，表示各种运输方式下节点集合两两之间的邻接关系，若两个节点间有通过某种运输方式的路段直接相连，则对应数组元素为 1，否则为 0。

$$\boldsymbol{L}=\begin{cases}(l_{公ij})\\(l_{铁ij})\\(l_{水ij})\end{cases} \tag{2.6}$$

$$l_{公ij}=\begin{cases}1,节点城市\ i\ 与\ j\ 之间有公路连接\\0,节点城市\ i\ 与\ j\ 之间无公路连接\end{cases} \tag{2.7}$$

$$l_{铁ij}=\begin{cases}1,节点城市\ i\ 与\ j\ 之间有铁路连接\\0,节点城市\ i\ 与\ j\ 之间无铁路连接\end{cases} \tag{2.8}$$

$$l_{水ij}=\begin{cases}1,节点城市\ i\ 与\ j\ 之间有水路连接\\0,节点城市\ i\ 与\ j\ 之间无水路连接\end{cases} \tag{2.9}$$

其中：$i=1,\cdots,n;j=1,\cdots,n$ 。

3. 权矩阵法

对于具体的综合运输网络模型而言，仅知道节点与节点之间各种运输方式的邻接关系还不够，应该将不同运输方式下各路段的运输成本等信息在模型中反应出来，因此将这些信息通过权矩阵 **T** 在模型中体现出来。

$$\boldsymbol{T}=\begin{cases}(t_{公ij})\\(t_{铁ij})\\(t_{水ij})\end{cases} \tag{2.10}$$

$$t_{公ij}=\begin{cases}ij\ 之间的公路运输成本, & 节点城市\ i\ 与\ j\ 之间有公路连接\\ \infty, & 节点城市\ i\ 与\ j\ 之间无公路连接\\ 0, & i=j\end{cases} \tag{2.11}$$

$$t_{铁ij}=\begin{cases}ij\ 之间的铁路运输成本, & 节点城市\ i\ 与\ j\ 之间有铁路连接\\ \infty, & 节点城市\ i\ 与\ j\ 之间无铁路连接\\ 0, & i=j\end{cases} \tag{2.12}$$

$$t_{水ij}=\begin{cases}ij\ 之间的水路运输成本, & 节点城市\ i\ 与\ j\ 之间有水路连接\\ \infty, & 节点城市\ i\ 与\ j\ 之间无水路连接\\ 0, & i=j\end{cases} \tag{2.13}$$

其中：$i=1,\cdots,n;j=1,\cdots,n$ 。

4. 邻接目录表法

邻接目录表法采用 5 个矩阵来表示综合运输网络的邻接关系。一个矩阵为 $3\times n$ 阶矩阵 ***NRS***，表示与节点城市相连的公路、铁路和水路运输路段的条数，其中 $r_{1i}$ 表示与节点

城市 $i$ 相连的公路路段数量，$r_{2i}$ 表示与节点城市 $i$ 相连的铁路路段数量，$r_{3i}$ 表示与节点城市 $i$ 相连的水路路段数量。另外 3 个 $n\times k_i$ 阶矩阵 $\boldsymbol{NC}_1$、$\boldsymbol{NC}_2$、$\boldsymbol{NC}_3$ 用来分别表示公路、铁路和水路 3 个运输网络。$k_1$ 表示公路运输网络中单个节点城市邻接的最大边数，其元素 $v_{ij}$ 表示第 $i$ 个节点城市邻接的第 $j$ 公路连接的另一节点城市编号，不足的用 0 来表示；$k_2$ 表示铁路运输网络中单个节点城市邻接的最大边数，其元素 $v_{ij}$ 表示第 $i$ 个节点城市邻接的第 $j$ 铁路连接的另一节点城市编号，不足的用 0 来表示；$k_3$ 表示水路运输网络中单个节点城市邻接的最大边数，其元素 $v_{ij}$ 表示第 $i$ 个节点城市邻接的第 $j$ 水路连接的另一节点城市编号，不足的用 0 来表示。

$$\boldsymbol{NRS}=\begin{bmatrix} r_{11} & \cdots & r_{1n} \\ r_{21} & \cdots & r_{2n} \\ r_{31} & \cdots & r_{3n} \end{bmatrix} \tag{2.14}$$

$$\boldsymbol{NC}_1=\begin{bmatrix} v_{11} & \cdots & v_{1k_1} \\ \vdots & \cdots & \vdots \\ v_{n1} & \cdots & v_{nk_1} \end{bmatrix} \quad 其中, k_1=\max(r_{11},r_{12},\cdots,r_{1n}) \tag{2.15}$$

$$\boldsymbol{NC}_2=\begin{bmatrix} v_{11} & \cdots & v_{1k_2} \\ \vdots & \cdots & \vdots \\ v_{n1} & \cdots & v_{nk_2} \end{bmatrix} \quad 其中, k_2=\max(r_{21},r_{22},\cdots,r_{2n}) \tag{2.16}$$

$$\boldsymbol{NC}_3=\begin{bmatrix} v_{11} & \cdots & v_{1k_2} \\ \vdots & \cdots & \vdots \\ v_{n1} & \cdots & v_{nk_2} \end{bmatrix} \quad 其中, k_3=\max(r_{31},r_{32},\cdots,r_{3n}) \tag{2.17}$$

### 2.2.3　标准客货运输量与输送能力分析

影响区域综合运输通道路段运输能力的主要因素是路段交通基础设施和路段运输企业的运输资源投入。

1. 公路输送能力

根据《公路工程技术标准》中的车辆划分标准及运算系数，由于需要将交通运输客货运需求量转换为交通量，根据区域经济社会发展情况，将标准车的载客设为 $CSC=14$ 座，将标准车的载货设为 $CST=5$ t。

$$CSC=\frac{19+\alpha}{1.5} \quad (\alpha>0) \tag{2.18}$$

$$CST=\frac{14+\beta}{3} \quad (\beta>0) \tag{2.19}$$

式中，$\alpha$、$\beta$ 的取值与区域经济发展水平相关。区域发展水平高则私家车出行比例较高，

因此 $\alpha$ 取较高的值；区域发展水平高则货物运输量集中，因此 $\beta$ 取较高的值。本研究区域 $\alpha = 2$ ，$\beta = 1$ 。

公路输送能力是指该路段公路客货运输企业投入运输资源的最大货运量或者最大客运量，以及公路交通基础设施的水平。

(1)公路货运输送能力。

目前，公路货运市场开放程度较高，公路货运企业数量较多，企业对货运需求市场的变化反应迅速，能够根据市场的需求及时增加或减少运输资源的投入，因此，可以认为路段公路货运输送能力大于等于路段公路货运需求。

$$MCG_{ij} = CST \times CIG_{ij} \tag{2.20}$$

式中：$MCG_{ij}$ 表示路段 $ij$ 公路货运输送能力；$CIG_{ij}$ 表示路段 $ij$ 之间公路货运企业投入的标准载货车辆数。

(2)公路客运输送能力。

公路客运输送能力可分为两个部分，一部分公路客运需求由公路客运企业承担，另一部分公路客运需求由私人小汽车承担(这里包括互联网租车)。虽然公路客运市场的开放程度还不够高，客运线路还需要审批，但是由于私人小汽车的补充，可以认为路段公路客运输送能力大于等于路段公路客运需求。

$$MCP_{ij} = CSC \times CIP_{ij} + CSC \times PIP_{ij} \tag{2.21}$$

式中：$MCP_{ij}$ 表示路段 $ij$ 的公路客运输送能力；$CIP_{ij}$ 表示路段 $ij$ 的公路客运企业投入的标准载客车辆数；$PIP_{ij}$ 表示路段 $ij$ 私人小汽车投入的标准载客车辆数。

(3)公路基础设施水平。

公路基础设施水平主要是公路建造时的设计交通量 $DC_{ij}$ ，根据公路分级，各等级公路基础设施的设计交通量如表 2.1 所示。

**表 2.1　公路等级与设计标准车交通量**

| 公路等级 | 设计标准车交通量 |
|---|---|
| 高速公路四车道 | 19 000 标准车/年 |
| 高速公路六车道 | 27 000 标准车/年 |
| 高速公路八车道 | 35 000 标准车/年 |
| 一级公路 | 10 000 标准车/年 |
| 二级公路 | 7 500 标准车/年 |
| 三级公路 | 4 000 标准车/年 |
| 四级公路 | 1 500 标准车/年 |

2. 铁路输送能力

标准列车 CRH 高铁核定载员基本上在 600 人左右。根据我国干线铁路牵引定数，一列货运列车的额定载重量为 5 000 t，一列客运列车的标准编组是 15 节车厢，其中硬座 6 节、软卧 1 节、硬卧 5 节，其余为功能车厢，按照硬卧车厢定员 66 人，硬座车厢定员 118 人，软卧车厢定员 36 人，将普通铁路的标准客运列车载客设为 $TSC=1\ 074$ 座，将标准货运列车的载货设为 $TST=5\ 000$ t，将高速客运铁路的标准客运列车载客设为 $TSD=600$ 座。

路段铁路输送能力是指该路段铁路运输企业（国家铁路总公司）投入运输资源的最大货运量或者最大客运量，以及铁路基础设施的水平。

根据中国《铁路线路设计规范》（GB50090－2006）规定，铁路等级技术分为一级、二级、三级、四级铁路，其中一级铁路年客货运量大于等于 20 Mt，二级铁路年客货运量小于 20 Mt 大于等于 10 Mt，三级铁路年客货运量小于 10 Mt 大于等于 5 Mt，四级铁路年客货运量小于 5 Mt。1 对/日列车按 1.0 Mt 年货运量折算，一级铁路年客货运量大于等于 7 300 对，二级铁路年客货运量小于 7 300 对大于等于 3 650 对，三级铁路年客货运量小于 3 650 对大于等于 1 825 对，四级铁路年客货运量小于 1 825 对。各路段铁路实际每年的区间通过能力还与以下时间相关：日均综合维修天窗期 $T_T$，路段往返走行时间 $T_W$、$T_F$，对向列车不同时到达的间隔时间 $T_B$，车站会车间隔时间 $T_H$，根据以下公式，可得到铁路路段区间通过能力。

$$TDS=\frac{1440-T_T}{t_W+t_F+t_B+t_H}\times 365 \tag{2.22}$$

因此，铁路运输企业根据节点城市 $i$ 到 $j$ 之间的铁路路段区间通过能力，投入固定数量的货运列车和客运列车。

$$\begin{aligned} MTG_{ij} &= TGI_{ij}\times TST \\ MTC_{ij} &= TCI_{ij}\times TSC + TDI_{ij}\times TSD \end{aligned} \tag{2.23}$$

式中：$MTG_{ij}$ 表示路段 $ij$ 的铁路货运输送能力，$MTC_{ij}$ 表示路段 $ij$ 的铁路客运输送能力，$TGI_{ij}$ 表示铁路运输企业在节点城市 $i$ 到 $j$ 所投入的标准货运列车数量，$TCI_{ij}$ 表示从节点城市 $j$ 到 $i$ 所投入的普通铁路的标准客运列车数量，$TDI_{ij}$ 表示从节点城市 $j$ 到 $i$ 所投入的高速客运铁路的标准客运列车数量。

3. 水路输送能力

由于目前内河运输主要是货运，客运量只有短途旅游观光，在书中仅分析路段航道货物输送能力，根据《内河通航标准》（GB50139－2014），我国内河航道分为 7 个等级，一级航道可通航 3 000 t 船舶，二级航道可通航 2 000 t 船舶，三级航道可通航 1 000 t 船舶，四级航道可通航 500 t 船舶，五级航道可通航 300 t 船舶，六级航道可通航 100 t 船舶，七级航道可通航 50 t 船舶。根据本研究区域的内河航道情况，将内河运输标准船舶的载货 $RST$ 设置为 500 t。

本研究认为内河航道均为单向航道，即在同一时间内，只能供船舶沿一个方向行驶，不得追越或在行进中会让，又可称为单线航道。内河航道的通过能力用下式表示：

$$RDS = \frac{2 \times (24V - n \times L_{CH}) \times \rho \times T_y}{D} \tag{2.24}$$

其中：$RDS$ 表示节点城市 $i$ 与 $j$ 之间的航道双向的年通过能力；$n$ 表示平均每天安排的船队进、出港次数的总和，其与港口运行能力以及节点城市的经济发展水平相关；$V$ 表示船舶在航道中航行的平均速度；在不考虑小于可通航吨位船舶的情况下，$L_{CH}$ 表示航道的里程；$T_y$ 表示航道的年工作天数；$\rho$ 表示航道利用率（$\rho = 0.5$）；$D$ 表示平均每艘船舶航行中占用航道的长度，等于相应航道中标准船舶长度的 7 倍。

水路运输企业根据节点城市 $i$ 到 $j$ 之间的航道双向年通过能力，同时根据水路货运市场的需求情况，投入内河运输标准船舶。由于水路运输市场开放程度较高，可以认为路段水路货物输送能力大于等于路段水路货运需求。

$$MRG_{ij} = RGI_{ij} \times RST \tag{2.25}$$

式中：$MRG_{ij}$ 表示路段 $ij$ 的水路货运输送能力，$RGI_{ij}$ 表示水路运输企业在节点城市 $i$ 到 $j$ 所投入的内河运输标准船舶数量[84]。

4. 路段综合输送能力

路段综合输送能力包括路段运输资源输送能力和设计输送能力。路段运输资源输送能力是指路段企业所投入的运输资源所产生的输送能力：

$$MG_{ij} = MCG_{ij} + MTG_{ij} + MRG_{ij} \tag{2.26}$$

$$MP_{ij} = MCP_{ij} + MTC_{ij} \tag{2.27}$$

$$M_{ij} = MP_{ij} + \frac{MC_{ij}}{CST} \times CSC \tag{2.28}$$

式中：$MG_{ij}$ 表示路段货运输送能力，$MP_{ij}$ 表示路段客运输送能力，$M_{ij}$ 表示以客运量为单位的路段运输资源输送能力。路段设计输送能力是指以客运量为单位的路段基础设施设计的可承受的最大输送能力：

$$MD_{ij} = DC_{ij} \times CSC + TDS_{ij} \times TSC + RDS_{ij} \times RST \tag{2.29}$$

式中：$MD_{ij}$ 表示以客运量为单位的路段设计输送能力。

### 2.2.4 路段运输成本分析

综合运输路段运输成本是指综合运输网络中，公路、铁路、水路客户在出行过程中产生的费用，主要包括运输费用和其他费用，它是综合运输网络使用者选择出行方式和出行路径的主要依据。综合运输网络中，路段由公路、铁路和水路构成，因此首先需要确定不同运输方式的路段运输成本函数。

1. 公路路段运输成本

公路路段运输成本主要由综合运输网络上公路客运和公路货运的收费价格决定，而运输量的变化会造成运输价格波动。其中，货运属于自由市场定价，价格随货运需求的变化而变化，客运中大巴车属于政府定价，小汽车（定制班线）属于市场定价。公路路段单位运输成本为：

$$CR_{ij} = f_{ij}(X_{ij}) \tag{2.30}$$

式中：$CR_{ij}$ 表示城市 $i$ 到 $j$ 之间公路的路段单位运输成本；$f_{ij}$ 表示城市 $i$ 到 $j$ 之间公路路段的成本函数。主要的成本函数模型如下：

（1）公路货运成本函数模型：

$$\begin{cases} CRG_{ij}^{0} \quad (XG_{ij} < MCG_{ij}) \\ CRG_{ij} = CRG_{ij}^{0} \times \left[1 + \alpha\left(\dfrac{XG_{ij}}{MCG_{ij}}\right)^{\beta}\right] \quad (XG_{ij} \geqslant MCG_{ij}) \end{cases} \tag{2.31}$$

式中：$XG_{ij}$ 表示城市 $i$ 到 $j$ 之间公路货运量；$CRG_{ij}$ 表示城市 $i$ 到 $j$ 之间公路货运的单位运输成本；$CRG_{ij}^{0}$ 表示城市 $i$ 到 $j$ 之间公路货运量没有超过路段公路货运企业输送能力时，公路路段的单位货运成本；$MCG_{ij}$ 表示城市 $i$ 到 $j$ 之间路段公路货运企业货运输送能力；$\alpha$、$\beta$ 为函数参数。

（2）公路客运成本函数模型：

$$\begin{cases} CRP_{ij} = \alpha_{\text{bus}} \times CRP_{ij}^{\text{bus}} + \alpha_{\text{car}} \times CRP_{ij}^{\text{car}} \quad (XP_{ij} < MCP_{ij}) \\ CRP_{ij} = CRP_{ij}^{\text{bus}}(1+\beta_{\text{gov}}) \times \dfrac{\alpha_{\text{bus}} MCP_{ij}}{XP_{ij}} + CRP_{ij}^{\text{car}}\left[1 + \alpha_{\text{car}} \times \left(\dfrac{XP_{ij}}{MCP_{ij}}\right)^{\beta_{\text{car}}}\right]\left(1 - \dfrac{\alpha_{\text{bus}} MCP_{ij}}{XP_{ij}}\right) \end{cases} \tag{2.32}$$

式中：$XP_{ij}$ 表示城市 $i$ 到 $j$ 之间公路客运量；$CRP_{ij}$ 表示城市 $i$ 到 $j$ 之间公路运输单位客运成本；$CRP_{ij}^{\text{bus}}$ 表示城市 $i$ 到 $j$ 之间公路客运量没有超过路段输送能力时，大巴车的单位客运成本；$CRP_{ij}^{\text{car}}$ 表示城市 $i$ 到 $j$ 之间公路客运量没有超过路段输送能力时，小汽车（定制班线）的单位客运成本；$MCP_{ij}$ 表示城市 $i$ 到 $j$ 之间路段公路的客运输送能力；$\alpha_{\text{bus}}$ 和 $\alpha_{\text{car}}$ 表示公路客运中大巴车运输资源和小汽车（定制班线）运输资源所占比例；$\beta_{\text{gov}}$ 表示政府规定公路客运的涨价比例；$\alpha_{\text{car}}$、$\beta_{\text{car}}$ 表示小汽车（定制班线）的参数。

2. 铁路路段运输成本

铁路路段运输成本主要由综合运输网络上铁路客运和铁路货运的收费价格决定，包括铁路货运的代理成本以及铁路客运的等待风险成本。铁路客运属于政府定价，运输价格保持不变，铁路货运基本属于市场定价。铁路路段单位运输成本为：

$$CT_{ij} = f_{ij}(X_{ij}) \tag{2.33}$$

式中：$CT_{ij}$ 表示城市 $i$ 到 $j$ 之间铁路的路段单位运输成本；$f_{ij}$ 表示城市 $i$ 到 $j$ 之间铁路路段的成本函数。主要的成本函数模型如下：

（1）铁路货运成本函数模型：

$$CTG_{ij} = CTG_{ij}^{0} + FAT_{ij}^{0}\left[1 + \alpha_{FAT}\left(\frac{XTG_{ij}}{MTG_{ij}}\right)^{\beta_{FAT}}\right] \tag{2.34}$$

式中：$XTG_{ij}$ 表示城市 $i$ 到 $j$ 之间铁路货运量；$CTG_{ij}^0$ 表示城市 $i$ 到 $j$ 之间铁路货运的单位运输成本；$FAT_{ij}^0$ 表示城市 $i$ 到 $j$ 之间铁路货运量为 0 时，铁路单位货运代理成本；$MTG_{ij}$ 表示城市 $i$ 到 $j$ 之间铁路路段的货运输送能力；$\alpha_{FAT}$、$\beta_{FAT}$ 为函数参数。

(2)铁路客运成本函数模型：

$$CTP_{ij} = CTP_{ij}^0 + WT_{ij}^0\left[1+\alpha_{WT}\left(\frac{XTP_{ij}}{MTP_{ij}}\right)^{\beta_{WT}}\right]\times PC_{ij} \tag{2.35}$$

式中：$XTP_{ij}$ 表示城市 $i$ 到 $j$ 之间铁路客运量；$CTP_{ij}^0$ 表示城市 $i$ 到 $j$ 之间铁路客运的单位运输成本；$WT_{ij}^0$ 表示城市 $i$ 到 $j$ 之间铁路客运量为 0 时，铁路单位客运的等待时间；$PC_{ij}$ 为路段地区单位时间的人力成本；$MTP_{ij}$ 表示城市 $i$ 到 $j$ 之间铁路路段的客运输送能力；$\alpha_{WT}$、$\beta_{WT}$ 为函数参数。按照目前客运铁路等级分类，客运铁路可分为普通客运铁路和高速客运铁路，因此需分别计算普通铁路客运成本和高速铁路客运成本。

3. 水路路段运输成本

水路路段运输成本主要由综合运输网络上水路货运的收费价格决定，包括水路货运的代理成本。水路货运基本属于市场定价，运输成本随需求的变化而变化。水路路段单位运输成本为：

$$CW_{ij} = f_{ij}(X_{ij}) \tag{2.36}$$

式中：$CW_{ij}$ 表示城市 $i$ 到 $j$ 之间水路的路段单位运输成本；$f_{ij}$ 表示城市 $i$ 到 $j$ 之间水路路段的成本函数。

水路货运成本函数模型：

$$CWG_{ij} = CWG_{ij}^0 + FAR_{ij}^0\left[1+\alpha_{FAR}\left(\frac{XRG_{ij}}{MRG_{ij}}\right)^{\beta_{FAR}}\right] \tag{2.37}$$

式中：$XRG_{ij}$ 表示城市 $i$ 到 $j$ 之间水路货运量；$CWG_{ij}^0$ 表示城市 $i$ 到 $j$ 之间水路货运的单位运输成本；$FAR_{ij}^0$ 表示城市 $i$ 到 $j$ 之间水路货运量为 0 时，水路单位货运代理成本；$MRG_{ij}$ 表示城市 $i$ 到 $j$ 之间水路路段的货运输送能力；$\alpha_{FAR}$、$\beta_{FAR}$ 为函数参数。

4. 路段综合运输成本

通过路段间城市的统计数据，可以得到路段连接的两个城市的公路、铁路客运比例和公路、铁路、水路货运比例，路段的综合运输成本为：

$$CG_{ij} = \alpha_{\mathrm{R}} \times CRG_{ij} + \alpha_{\mathrm{T}} \times CTG_{ij} + \alpha_{\mathrm{W}} \times CWG_{ij} \tag{2.38}$$

$$CP_{ij} = \beta_{\mathrm{R}} \times CRP_{ij} + \beta_{\mathrm{T}} \times CTP_{ij} \tag{2.39}$$

式中：$\alpha_{\mathrm{R}}$ 表示路段所连接城市的公路货运占比，$\alpha_{\mathrm{T}}$ 表示路段所连接城市的铁路货运占比，$\alpha_{\mathrm{W}}$ 表示路段所连接城市的水路货运占比，$\beta_{\mathrm{R}}$ 表示路段所连接城市的公路客运占比，$\beta_{\mathrm{T}}$ 表示路段所连接城市的铁路客运占比。

### 2.2.5 实证分析

湘西地区的主要城市包括：慈利、张家界、永顺、龙山、古丈、花垣、吉首、沅陵、凤凰、怀化、溆浦、新晃、靖州、通道、武冈、洞口、邵阳、新宁。构成该区域的综合运输网络的交通运方式主要包括：普通国省道、高速公路、普通铁路、高速铁路以及航空。

根据湘西地区区域综合运输网络的现状，构建以下网络模型：

1. 关联矩阵

**表 2.2　湘西地区高速公路关联矩阵**

| | 慈利 | 张家界 | 永顺 | 龙山 | 花垣 | 古丈 | 吉首 | 凤凰 | 怀化 | 沅陵 | 溆浦 | 新晃 | 靖州 | 通道 | 洞口 | 武冈 | 新宁 | 邵阳 |
|---|---|---|---|---|---|---|---|---|---|---|---|---|---|---|---|---|---|---|
| 慈利—张家界 | 1 | 1 | 0 | 0 | 0 | 0 | 0 | 0 | 0 | 0 | 0 | 0 | 0 | 0 | 0 | 0 | 0 | 0 |
| 慈利—常德 | 1 | 0 | 0 | 0 | 0 | 0 | 0 | 0 | 0 | 0 | 0 | 0 | 0 | 0 | 0 | 0 | 0 | 0 |
| 张家界—沅陵 | 0 | 0 | 0 | 0 | 0 | 0 | 0 | 0 | 0 | 0 | 0 | 0 | 0 | 0 | 0 | 0 | 0 | 0 |
| 张家界—古丈 | 0 | 0 | 0 | 0 | 0 | 0 | 0 | 0 | 0 | 0 | 0 | 0 | 0 | 0 | 0 | 0 | 0 | 0 |
| 张家界—永顺 | 1 | 0 | 1 | 0 | 0 | 0 | 0 | 0 | 0 | 0 | 0 | 0 | 0 | 0 | 0 | 0 | 0 | 0 |
| 沅陵—常德 | 0 | 0 | 0 | 0 | 0 | 0 | 0 | 0 | 0 | 1 | 0 | 0 | 0 | 0 | 0 | 0 | 0 | 0 |
| 永顺—龙山 | 0 | 0 | 1 | 1 | 0 | 0 | 0 | 0 | 0 | 0 | 0 | 0 | 0 | 0 | 0 | 0 | 0 | 0 |
| 龙山—来凤 | 0 | 0 | 0 | 1 | 0 | 0 | 0 | 0 | 0 | 0 | 0 | 0 | 0 | 0 | 0 | 0 | 0 | 0 |
| 永顺—古丈 | 0 | 0 | 0 | 0 | 0 | 0 | 0 | 0 | 0 | 0 | 0 | 0 | 0 | 0 | 0 | 0 | 0 | 0 |
| 永顺—花垣 | 0 | 0 | 1 | 0 | 1 | 0 | 0 | 0 | 0 | 0 | 0 | 0 | 0 | 0 | 0 | 0 | 0 | 0 |
| 花垣—吉首 | 0 | 0 | 0 | 0 | 1 | 0 | 1 | 0 | 0 | 0 | 0 | 0 | 0 | 0 | 0 | 0 | 0 | 0 |
| 花垣—秀山 | 0 | 0 | 0 | 0 | 1 | 0 | 0 | 0 | 0 | 0 | 0 | 0 | 0 | 0 | 0 | 0 | 0 | 0 |
| 古丈—吉首 | 0 | 0 | 0 | 0 | 0 | 0 | 0 | 0 | 0 | 0 | 0 | 0 | 0 | 0 | 0 | 0 | 0 | 0 |
| 吉首—沅陵 | 0 | 0 | 0 | 0 | 0 | 0 | 1 | 0 | 0 | 1 | 0 | 0 | 0 | 0 | 0 | 0 | 0 | 0 |
| 吉首—凤凰 | 0 | 0 | 0 | 0 | 0 | 0 | 1 | 1 | 0 | 0 | 0 | 0 | 0 | 0 | 0 | 0 | 0 | 0 |
| 吉首—怀化 | 0 | 0 | 0 | 0 | 0 | 0 | 0 | 0 | 0 | 0 | 0 | 0 | 0 | 0 | 0 | 0 | 0 | 0 |
| 凤凰—怀化 | 0 | 0 | 0 | 0 | 0 | 0 | 0 | 1 | 1 | 0 | 0 | 0 | 0 | 0 | 0 | 0 | 0 | 0 |
| 凤凰—铜仁 | 0 | 0 | 0 | 0 | 0 | 0 | 0 | 1 | 0 | 0 | 0 | 0 | 0 | 0 | 0 | 0 | 0 | 0 |
| 怀化—沅陵 | 0 | 0 | 0 | 0 | 0 | 0 | 0 | 0 | 0 | 0 | 0 | 0 | 0 | 0 | 0 | 0 | 0 | 0 |
| 怀化—溆浦 | 0 | 0 | 0 | 0 | 0 | 0 | 0 | 0 | 1 | 0 | 1 | 0 | 0 | 0 | 0 | 0 | 0 | 0 |
| 怀化—新晃 | 0 | 0 | 0 | 0 | 0 | 0 | 0 | 0 | 1 | 0 | 0 | 1 | 0 | 0 | 0 | 0 | 0 | 0 |
| 怀化—靖州 | 0 | 0 | 0 | 0 | 0 | 0 | 0 | 0 | 1 | 0 | 0 | 0 | 1 | 0 | 0 | 0 | 0 | 0 |
| 怀化—洞口 | 0 | 0 | 0 | 0 | 0 | 0 | 0 | 0 | 1 | 0 | 0 | 0 | 0 | 0 | 1 | 0 | 0 | 0 |
| 怀化—邵阳 | 0 | 0 | 0 | 0 | 0 | 0 | 0 | 0 | 0 | 0 | 0 | 0 | 0 | 0 | 0 | 0 | 0 | 0 |
| 新晃—玉屏 | 0 | 0 | 0 | 0 | 0 | 0 | 0 | 0 | 0 | 0 | 0 | 1 | 0 | 0 | 0 | 0 | 0 | 0 |
| 靖州—通道 | 0 | 0 | 0 | 0 | 0 | 0 | 0 | 0 | 0 | 0 | 0 | 0 | 1 | 1 | 0 | 0 | 0 | 0 |
| 靖州—武冈 | 0 | 0 | 0 | 0 | 0 | 0 | 0 | 0 | 0 | 0 | 0 | 0 | 1 | 0 | 0 | 1 | 0 | 0 |
| 靖州—三江 | 0 | 0 | 0 | 0 | 0 | 0 | 0 | 0 | 0 | 0 | 0 | 0 | 0 | 0 | 0 | 0 | 0 | 0 |
| 通道—三江 | 0 | 0 | 0 | 0 | 0 | 0 | 0 | 0 | 0 | 0 | 0 | 0 | 0 | 1 | 0 | 0 | 0 | 0 |
| 溆浦—新化 | 0 | 0 | 0 | 0 | 0 | 0 | 0 | 0 | 0 | 0 | 1 | 0 | 0 | 0 | 0 | 0 | 0 | 0 |
| 洞口—邵阳 | 0 | 0 | 0 | 0 | 0 | 0 | 0 | 0 | 0 | 0 | 0 | 0 | 0 | 0 | 1 | 0 | 0 | 1 |
| 洞口—武冈 | 0 | 0 | 0 | 0 | 0 | 0 | 0 | 0 | 0 | 0 | 0 | 0 | 0 | 0 | 1 | 1 | 0 | 0 |
| 武冈—新宁 | 0 | 0 | 0 | 0 | 0 | 0 | 0 | 0 | 0 | 0 | 0 | 0 | 0 | 0 | 0 | 1 | 1 | 0 |
| 邵阳—娄底 | 0 | 0 | 0 | 0 | 0 | 0 | 0 | 0 | 0 | 0 | 0 | 0 | 0 | 0 | 0 | 0 | 0 | 1 |
| 新宁—资源 | 0 | 0 | 0 | 0 | 0 | 0 | 0 | 0 | 0 | 0 | 0 | 0 | 0 | 0 | 0 | 0 | 1 | 0 |

**表 2.3　湘西地区普通国省道关联矩阵**

| | 慈利 | 张家界 | 永顺 | 龙山 | 花垣 | 古丈 | 吉首 | 凤凰 | 怀化 | 沅陵 | 溆浦 | 新晃 | 靖州 | 通道 | 洞口 | 武冈 | 新宁 | 邵阳 |
|---|---|---|---|---|---|---|---|---|---|---|---|---|---|---|---|---|---|---|
| 慈利—张家界 | 1 | 1 | 0 | 0 | 0 | 0 | 0 | 0 | 0 | 0 | 0 | 0 | 0 | 0 | 0 | 0 | 0 | 0 |
| 慈利—常德 | 1 | 0 | 0 | 0 | 0 | 0 | 0 | 0 | 0 | 0 | 0 | 0 | 0 | 0 | 0 | 0 | 0 | 0 |
| 张家界—沅陵 | 0 | 1 | 0 | 0 | 0 | 0 | 0 | 0 | 0 | 1 | 0 | 0 | 0 | 0 | 0 | 0 | 0 | 0 |
| 张家界—古丈 | 0 | 1 | 0 | 0 | 0 | 1 | 0 | 0 | 0 | 0 | 0 | 0 | 0 | 0 | 0 | 0 | 0 | 0 |
| 张家界—永顺 | 0 | 1 | 1 | 0 | 0 | 0 | 0 | 0 | 0 | 0 | 0 | 0 | 0 | 0 | 0 | 0 | 0 | 0 |
| 沅陵—常德 | 0 | 0 | 0 | 0 | 0 | 0 | 0 | 0 | 0 | 1 | 0 | 0 | 0 | 0 | 0 | 0 | 0 | 0 |
| 永顺—龙山 | 0 | 0 | 1 | 1 | 0 | 0 | 0 | 0 | 0 | 0 | 0 | 0 | 0 | 0 | 0 | 0 | 0 | 0 |
| 龙山—来凤 | 0 | 0 | 0 | 1 | 0 | 0 | 0 | 0 | 0 | 0 | 0 | 0 | 0 | 0 | 0 | 0 | 0 | 0 |
| 永顺—古丈 | 0 | 0 | 1 | 0 | 0 | 1 | 0 | 0 | 0 | 0 | 0 | 0 | 0 | 0 | 0 | 0 | 0 | 0 |
| 永顺—花垣 | 0 | 0 | 1 | 0 | 1 | 0 | 0 | 0 | 0 | 0 | 0 | 0 | 0 | 0 | 0 | 0 | 0 | 0 |
| 花垣—吉首 | 0 | 0 | 1 | 0 | 1 | 0 | 0 | 0 | 0 | 0 | 0 | 0 | 0 | 0 | 0 | 0 | 0 | 0 |
| 花垣—秀山 | 0 | 0 | 0 | 0 | 1 | 0 | 0 | 0 | 0 | 0 | 0 | 0 | 0 | 0 | 0 | 0 | 0 | 0 |
| 古丈—吉首 | 0 | 0 | 0 | 0 | 0 | 1 | 1 | 0 | 0 | 0 | 0 | 0 | 0 | 0 | 0 | 0 | 0 | 0 |
| 吉首—沅陵 | 0 | 0 | 0 | 0 | 0 | 0 | 1 | 0 | 0 | 1 | 0 | 0 | 0 | 0 | 0 | 0 | 0 | 0 |
| 吉首—凤凰 | 0 | 0 | 0 | 0 | 0 | 0 | 1 | 1 | 0 | 0 | 0 | 0 | 0 | 0 | 0 | 0 | 0 | 0 |
| 吉首—怀化 | 0 | 0 | 0 | 0 | 0 | 0 | 1 | 0 | 1 | 0 | 0 | 0 | 0 | 0 | 0 | 0 | 0 | 0 |
| 凤凰—怀化 | 0 | 0 | 0 | 0 | 0 | 0 | 0 | 1 | 1 | 0 | 0 | 0 | 0 | 0 | 0 | 0 | 0 | 0 |
| 凤凰—铜仁 | 0 | 0 | 0 | 0 | 0 | 0 | 0 | 1 | 0 | 0 | 0 | 0 | 0 | 0 | 0 | 0 | 0 | 0 |
| 怀化—沅陵 | 0 | 0 | 0 | 0 | 0 | 0 | 0 | 0 | 1 | 1 | 0 | 0 | 0 | 0 | 0 | 0 | 0 | 0 |
| 怀化—溆浦 | 0 | 0 | 0 | 0 | 0 | 0 | 0 | 0 | 1 | 0 | 1 | 0 | 0 | 0 | 0 | 0 | 0 | 0 |
| 怀化—新晃 | 0 | 0 | 0 | 0 | 0 | 0 | 0 | 0 | 1 | 0 | 0 | 1 | 0 | 0 | 0 | 0 | 0 | 0 |
| 怀化—靖州 | 0 | 0 | 0 | 0 | 0 | 0 | 0 | 0 | 1 | 0 | 0 | 0 | 1 | 0 | 0 | 0 | 0 | 0 |
| 怀化—洞口 | 0 | 0 | 0 | 0 | 0 | 0 | 0 | 0 | 1 | 0 | 0 | 0 | 0 | 0 | 1 | 0 | 0 | 0 |
| 怀化—邵阳 | 0 | 0 | 0 | 0 | 0 | 0 | 0 | 0 | 0 | 0 | 0 | 0 | 0 | 0 | 0 | 0 | 0 | 0 |
| 新晃—玉屏 | 0 | 0 | 0 | 0 | 0 | 0 | 0 | 0 | 0 | 0 | 0 | 1 | 0 | 0 | 0 | 0 | 0 | 0 |
| 靖州—通道 | 0 | 0 | 0 | 0 | 0 | 0 | 0 | 0 | 0 | 0 | 0 | 0 | 1 | 1 | 0 | 0 | 0 | 0 |
| 靖州—武冈 | 0 | 0 | 0 | 0 | 0 | 0 | 0 | 0 | 0 | 0 | 0 | 0 | 1 | 0 | 0 | 1 | 0 | 0 |
| 靖州—三江 | 0 | 0 | 0 | 0 | 0 | 0 | 0 | 0 | 0 | 0 | 0 | 0 | 0 | 0 | 0 | 0 | 0 | 0 |
| 通道—三江 | 0 | 0 | 0 | 0 | 0 | 0 | 0 | 0 | 0 | 0 | 0 | 0 | 0 | 1 | 0 | 0 | 0 | 0 |
| 溆浦—新化 | 0 | 0 | 0 | 0 | 0 | 0 | 0 | 0 | 0 | 0 | 1 | 0 | 0 | 0 | 0 | 0 | 0 | 0 |
| 洞口—邵阳 | 0 | 0 | 0 | 0 | 0 | 0 | 0 | 0 | 0 | 0 | 0 | 0 | 0 | 0 | 1 | 0 | 0 | 1 |
| 洞口—武冈 | 0 | 0 | 0 | 0 | 0 | 0 | 0 | 0 | 0 | 0 | 0 | 0 | 0 | 0 | 1 | 1 | 0 | 0 |
| 武冈—新宁 | 0 | 0 | 0 | 0 | 0 | 0 | 0 | 0 | 0 | 0 | 0 | 0 | 0 | 0 | 0 | 1 | 1 | 0 |
| 邵阳—娄底 | 0 | 0 | 0 | 0 | 0 | 0 | 0 | 0 | 0 | 0 | 0 | 0 | 0 | 0 | 0 | 0 | 0 | 1 |
| 新宁—资源 | 0 | 0 | 0 | 0 | 0 | 0 | 0 | 0 | 0 | 0 | 0 | 0 | 0 | 0 | 0 | 0 | 1 | 0 |

**表 2.4 湘西地区铁路关联矩阵**

| | 慈利 | 张家界 | 永顺 | 龙山 | 花垣 | 古丈 | 吉首 | 凤凰 | 怀化 | 沅陵 | 溆浦 | 新晃 | 靖州 | 通道 | 洞口 | 武冈 | 新宁 | 邵阳 |
|---|---|---|---|---|---|---|---|---|---|---|---|---|---|---|---|---|---|---|
| 慈利—张家界 | 1 | 1 | 0 | 0 | 0 | 0 | 0 | 0 | 0 | 0 | 0 | 0 | 0 | 0 | 0 | 0 | 0 | 0 |
| 慈利—常德 | 1 | 0 | 0 | 0 | 0 | 0 | 0 | 0 | 0 | 0 | 0 | 0 | 0 | 0 | 0 | 0 | 0 | 0 |
| 张家界—沅陵 | 0 | 0 | 0 | 0 | 0 | 0 | 0 | 0 | 0 | 0 | 0 | 0 | 0 | 0 | 0 | 0 | 0 | 0 |
| 张家界—古丈 | 0 | 1 | 0 | 0 | 0 | 1 | 0 | 0 | 0 | 0 | 0 | 0 | 0 | 0 | 0 | 0 | 0 | 0 |
| 张家界—永顺 | 0 | 0 | 0 | 0 | 0 | 0 | 0 | 0 | 0 | 0 | 0 | 0 | 0 | 0 | 0 | 0 | 0 | 0 |
| 沅陵—常德 | 0 | 0 | 0 | 0 | 0 | 0 | 0 | 0 | 0 | 0 | 0 | 0 | 0 | 0 | 0 | 0 | 0 | 0 |
| 永顺—龙山 | 0 | 0 | 0 | 0 | 0 | 0 | 0 | 0 | 0 | 0 | 0 | 0 | 0 | 0 | 0 | 0 | 0 | 0 |
| 龙山—来凤 | 0 | 0 | 0 | 0 | 0 | 0 | 0 | 0 | 0 | 0 | 0 | 0 | 0 | 0 | 0 | 0 | 0 | 0 |
| 永顺—古丈 | 0 | 0 | 0 | 0 | 0 | 0 | 0 | 0 | 0 | 0 | 0 | 0 | 0 | 0 | 0 | 0 | 0 | 0 |
| 永顺—花垣 | 0 | 0 | 0 | 0 | 0 | 0 | 0 | 0 | 0 | 0 | 0 | 0 | 0 | 0 | 0 | 0 | 0 | 0 |
| 花垣—吉首 | 0 | 0 | 0 | 0 | 0 | 0 | 0 | 0 | 0 | 0 | 0 | 0 | 0 | 0 | 0 | 0 | 0 | 0 |
| 花垣—秀山 | 0 | 0 | 0 | 0 | 0 | 0 | 0 | 0 | 0 | 0 | 0 | 0 | 0 | 0 | 0 | 0 | 0 | 0 |
| 古丈—吉首 | 0 | 0 | 0 | 0 | 0 | 1 | 1 | 0 | 0 | 0 | 0 | 0 | 0 | 0 | 0 | 0 | 0 | 0 |
| 吉首—沅陵 | 0 | 0 | 0 | 0 | 0 | 0 | 0 | 0 | 0 | 0 | 0 | 0 | 0 | 0 | 0 | 0 | 0 | 0 |
| 吉首—凤凰 | 0 | 0 | 0 | 0 | 0 | 0 | 0 | 0 | 0 | 0 | 0 | 0 | 0 | 0 | 0 | 0 | 0 | 0 |
| 吉首—怀化 | 0 | 0 | 0 | 0 | 0 | 0 | 1 | 0 | 1 | 0 | 0 | 0 | 0 | 0 | 0 | 0 | 0 | 0 |
| 凤凰—怀化 | 0 | 0 | 0 | 0 | 0 | 0 | 0 | 0 | 0 | 0 | 0 | 0 | 0 | 0 | 0 | 0 | 0 | 0 |
| 凤凰—铜仁 | 0 | 0 | 0 | 0 | 0 | 0 | 0 | 0 | 0 | 0 | 0 | 0 | 0 | 0 | 0 | 0 | 0 | 0 |
| 怀化—沅陵 | 0 | 0 | 0 | 0 | 0 | 0 | 0 | 0 | 0 | 0 | 0 | 0 | 0 | 0 | 0 | 0 | 0 | 0 |
| 怀化—溆浦 | 0 | 0 | 0 | 0 | 0 | 0 | 0 | 0 | 1 | 0 | 1 | 0 | 0 | 0 | 0 | 0 | 0 | 0 |
| 怀化—新晃 | 0 | 0 | 0 | 0 | 0 | 0 | 0 | 0 | 1 | 0 | 0 | 1 | 0 | 0 | 0 | 0 | 0 | 0 |
| 怀化—靖州 | 0 | 0 | 0 | 0 | 0 | 0 | 0 | 0 | 1 | 0 | 0 | 0 | 1 | 0 | 0 | 0 | 0 | 0 |
| 怀化—洞口 | 0 | 0 | 0 | 0 | 0 | 0 | 0 | 0 | 0 | 0 | 0 | 0 | 0 | 0 | 0 | 0 | 0 | 0 |
| 怀化—邵阳 | 0 | 0 | 0 | 0 | 0 | 0 | 0 | 0 | 1 | 0 | 0 | 0 | 0 | 0 | 0 | 0 | 0 | 1 |
| 新晃—玉屏 | 0 | 0 | 0 | 0 | 0 | 0 | 0 | 0 | 0 | 0 | 0 | 1 | 0 | 0 | 0 | 0 | 0 | 0 |
| 靖州—通道 | 0 | 0 | 0 | 0 | 0 | 0 | 0 | 0 | 0 | 0 | 0 | 0 | 0 | 0 | 0 | 0 | 0 | 0 |
| 靖州—武冈 | 0 | 0 | 0 | 0 | 0 | 0 | 0 | 0 | 0 | 0 | 0 | 0 | 0 | 0 | 0 | 0 | 0 | 0 |
| 靖州—三江 | 0 | 0 | 0 | 0 | 0 | 0 | 0 | 0 | 0 | 0 | 0 | 0 | 1 | 0 | 0 | 0 | 0 | 0 |
| 通道—三江 | 0 | 0 | 0 | 0 | 0 | 0 | 0 | 0 | 0 | 0 | 0 | 0 | 0 | 0 | 0 | 0 | 0 | 0 |
| 溆浦—新化 | 0 | 0 | 0 | 0 | 0 | 0 | 0 | 0 | 0 | 0 | 1 | 0 | 0 | 0 | 0 | 0 | 0 | 0 |
| 洞口—邵阳 | 0 | 0 | 0 | 0 | 0 | 0 | 0 | 0 | 0 | 0 | 0 | 0 | 0 | 0 | 0 | 0 | 0 | 0 |
| 洞口—武冈 | 0 | 0 | 0 | 0 | 0 | 0 | 0 | 0 | 0 | 0 | 0 | 0 | 0 | 0 | 0 | 0 | 0 | 0 |
| 武冈—新宁 | 0 | 0 | 0 | 0 | 0 | 0 | 0 | 0 | 0 | 0 | 0 | 0 | 0 | 0 | 0 | 0 | 0 | 0 |
| 邵阳—娄底 | 0 | 0 | 0 | 0 | 0 | 0 | 0 | 0 | 0 | 0 | 0 | 0 | 0 | 0 | 0 | 0 | 0 | 1 |
| 新宁—资源 | 0 | 0 | 0 | 0 | 0 | 0 | 0 | 0 | 0 | 0 | 0 | 0 | 0 | 0 | 0 | 0 | 0 | 0 |

## 2. 邻接矩阵

**表 2.5 湘西地区普通国省道关联矩阵**

| | 慈利 | 张家界 | 永顺 | 龙山 | 花垣 | 古丈 | 吉首 | 凤凰 | 怀化 | 沅陵 | 溆浦 | 新晃 | 靖州 | 通道 | 洞口 | 武冈 | 新宁 | 邵阳 | 常德 | 新化 | 娄底 | 资源 | 三江 | 玉屏 | 铜仁 | 秀山 | 来凤 |
|---|---|---|---|---|---|---|---|---|---|---|---|---|---|---|---|---|---|---|---|---|---|---|---|---|---|---|---|
| 慈利 | 0 | 1 | 0 | 0 | 0 | 0 | 0 | 0 | 0 | 0 | 0 | 0 | 0 | 0 | 0 | 0 | 0 | 0 | 1 | 0 | 0 | 0 | 0 | 0 | 0 | 0 | 0 |
| 张家界 | 1 | 0 | 1 | 0 | 0 | 0 | 0 | 0 | 0 | 1 | 0 | 0 | 0 | 0 | 0 | 0 | 0 | 0 | 0 | 0 | 0 | 0 | 0 | 0 | 0 | 0 | 0 |
| 永顺 | 0 | 1 | 0 | 1 | 1 | 1 | 0 | 0 | 0 | 0 | 0 | 0 | 0 | 0 | 0 | 0 | 0 | 0 | 0 | 0 | 0 | 0 | 0 | 0 | 0 | 0 | 0 |
| 龙山 | 0 | 0 | 1 | 0 | 0 | 0 | 0 | 0 | 0 | 0 | 0 | 0 | 0 | 0 | 0 | 0 | 0 | 0 | 0 | 0 | 0 | 0 | 0 | 0 | 0 | 0 | 1 |
| 花垣 | 0 | 0 | 1 | 0 | 0 | 0 | 1 | 0 | 0 | 0 | 0 | 0 | 0 | 0 | 0 | 0 | 0 | 0 | 0 | 0 | 0 | 0 | 0 | 0 | 0 | 1 | 0 |
| 古丈 | 0 | 0 | 1 | 0 | 0 | 0 | 1 | 0 | 0 | 0 | 0 | 0 | 0 | 0 | 0 | 0 | 0 | 0 | 0 | 0 | 0 | 0 | 0 | 0 | 0 | 0 | 0 |
| 吉首 | 0 | 0 | 0 | 0 | 1 | 1 | 0 | 1 | 0 | 1 | 0 | 0 | 0 | 0 | 0 | 0 | 0 | 0 | 0 | 0 | 0 | 0 | 0 | 0 | 0 | 0 | 0 |
| 凤凰 | 0 | 0 | 0 | 0 | 0 | 0 | 1 | 0 | 1 | 0 | 0 | 0 | 0 | 0 | 0 | 0 | 0 | 0 | 0 | 0 | 0 | 0 | 0 | 0 | 1 | 0 | 0 |
| 怀化 | 0 | 0 | 0 | 0 | 0 | 0 | 0 | 1 | 0 | 1 | 1 | 1 | 1 | 0 | 1 | 0 | 0 | 0 | 0 | 0 | 0 | 0 | 0 | 0 | 0 | 0 | 0 |
| 沅陵 | 0 | 1 | 0 | 0 | 0 | 0 | 1 | 0 | 1 | 0 | 0 | 0 | 0 | 0 | 0 | 0 | 0 | 0 | 1 | 0 | 0 | 0 | 0 | 0 | 0 | 0 | 0 |
| 溆浦 | 0 | 0 | 0 | 0 | 0 | 0 | 0 | 0 | 1 | 0 | 0 | 0 | 0 | 0 | 0 | 0 | 0 | 0 | 0 | 1 | 0 | 0 | 0 | 0 | 0 | 0 | 0 |
| 新晃 | 0 | 0 | 0 | 0 | 0 | 0 | 0 | 0 | 1 | 0 | 0 | 0 | 0 | 0 | 0 | 0 | 0 | 0 | 0 | 0 | 0 | 0 | 0 | 1 | 0 | 0 | 0 |
| 靖州 | 0 | 0 | 0 | 0 | 0 | 0 | 0 | 0 | 1 | 0 | 0 | 0 | 0 | 1 | 0 | 1 | 0 | 0 | 0 | 0 | 0 | 0 | 0 | 0 | 0 | 0 | 0 |
| 通道 | 0 | 0 | 0 | 0 | 0 | 0 | 0 | 0 | 0 | 0 | 0 | 0 | 1 | 0 | 0 | 0 | 0 | 0 | 0 | 0 | 0 | 0 | 1 | 0 | 0 | 0 | 0 |
| 洞口 | 0 | 0 | 0 | 0 | 0 | 0 | 0 | 0 | 1 | 0 | 0 | 0 | 0 | 0 | 0 | 1 | 0 | 1 | 0 | 0 | 0 | 0 | 0 | 0 | 0 | 0 | 0 |
| 武冈 | 0 | 0 | 0 | 0 | 0 | 0 | 0 | 0 | 0 | 0 | 0 | 0 | 1 | 0 | 1 | 0 | 1 | 0 | 0 | 0 | 0 | 0 | 0 | 0 | 0 | 0 | 0 |
| 新宁 | 0 | 0 | 0 | 0 | 0 | 0 | 0 | 0 | 0 | 0 | 0 | 0 | 0 | 0 | 0 | 1 | 0 | 0 | 0 | 0 | 0 | 1 | 0 | 0 | 0 | 0 | 0 |
| 邵阳 | 0 | 0 | 0 | 0 | 0 | 0 | 0 | 0 | 0 | 0 | 0 | 0 | 0 | 0 | 1 | 0 | 0 | 0 | 0 | 0 | 1 | 0 | 0 | 0 | 0 | 0 | 0 |
| 常德 | 1 | 0 | 0 | 0 | 0 | 0 | 0 | 0 | 0 | 1 | 0 | 0 | 0 | 0 | 0 | 0 | 0 | 0 | 0 | 0 | 0 | 0 | 0 | 0 | 0 | 0 | 0 |
| 新化 | 0 | 0 | 0 | 0 | 0 | 0 | 0 | 0 | 0 | 0 | 1 | 0 | 0 | 0 | 0 | 0 | 0 | 0 | 0 | 0 | 0 | 0 | 0 | 0 | 0 | 0 | 0 |
| 娄底 | 0 | 0 | 0 | 0 | 0 | 0 | 0 | 0 | 0 | 0 | 0 | 0 | 0 | 0 | 0 | 0 | 0 | 1 | 0 | 0 | 0 | 0 | 0 | 0 | 0 | 0 | 0 |
| 资源 | 0 | 0 | 0 | 0 | 0 | 0 | 0 | 0 | 0 | 0 | 0 | 0 | 0 | 0 | 0 | 0 | 1 | 0 | 0 | 0 | 0 | 0 | 0 | 0 | 0 | 0 | 0 |
| 三江 | 0 | 0 | 0 | 0 | 0 | 0 | 0 | 0 | 0 | 0 | 0 | 0 | 0 | 1 | 0 | 0 | 0 | 0 | 0 | 0 | 0 | 0 | 0 | 0 | 0 | 0 | 0 |
| 玉屏 | 0 | 0 | 0 | 0 | 0 | 0 | 0 | 0 | 0 | 0 | 0 | 1 | 0 | 0 | 0 | 0 | 0 | 0 | 0 | 0 | 0 | 0 | 0 | 0 | 0 | 0 | 0 |
| 铜仁 | 0 | 0 | 0 | 0 | 0 | 0 | 0 | 1 | 0 | 0 | 0 | 0 | 0 | 0 | 0 | 0 | 0 | 0 | 0 | 0 | 0 | 0 | 0 | 0 | 0 | 0 | 0 |
| 秀山 | 0 | 0 | 0 | 0 | 1 | 0 | 0 | 0 | 0 | 0 | 0 | 0 | 0 | 0 | 0 | 0 | 0 | 0 | 0 | 0 | 0 | 0 | 0 | 0 | 0 | 0 | 0 |
| 来凤 | 0 | 0 | 0 | 1 | 0 | 0 | 0 | 0 | 0 | 0 | 0 | 0 | 0 | 0 | 0 | 0 | 0 | 0 | 0 | 0 | 0 | 0 | 0 | 0 | 0 | 0 | 0 |

**表 2.6 湘西地区高速公路关联矩阵**

| | 慈利 | 张家界 | 永顺 | 龙山 | 花垣 | 古丈 | 吉首 | 凤凰 | 怀化 | 沅陵 | 溆浦 | 新晃 | 靖州 | 通道 | 洞口 | 武冈 | 新宁 | 邵阳 | 常德 | 新化 | 娄底 | 资源 | 三江 | 玉屏 | 铜仁 | 秀山 | 来凤 |
|---|---|---|---|---|---|---|---|---|---|---|---|---|---|---|---|---|---|---|---|---|---|---|---|---|---|---|---|
| 慈利 | 0 | 1 | 0 | 0 | 0 | 0 | 0 | 0 | 0 | 0 | 0 | 0 | 0 | 0 | 0 | 0 | 0 | 0 | 1 | 0 | 0 | 0 | 0 | 0 | 0 | 0 | 0 |
| 张家界 | 1 | 0 | 1 | 0 | 0 | 0 | 0 | 0 | 0 | 0 | 0 | 0 | 0 | 0 | 0 | 0 | 0 | 0 | 0 | 0 | 0 | 0 | 0 | 0 | 0 | 0 | 0 |
| 永顺 | 0 | 1 | 0 | 1 | 1 | 0 | 0 | 0 | 0 | 0 | 0 | 0 | 0 | 0 | 0 | 0 | 0 | 0 | 0 | 0 | 0 | 0 | 0 | 0 | 0 | 0 | 0 |
| 龙山 | 0 | 0 | 1 | 0 | 0 | 0 | 0 | 0 | 0 | 0 | 0 | 0 | 0 | 0 | 0 | 0 | 0 | 0 | 0 | 0 | 0 | 0 | 0 | 0 | 0 | 0 | 1 |
| 花垣 | 0 | 0 | 1 | 0 | 0 | 0 | 1 | 0 | 0 | 0 | 0 | 0 | 0 | 0 | 0 | 0 | 0 | 0 | 0 | 0 | 0 | 0 | 0 | 0 | 0 | 1 | 0 |
| 古丈 | 0 | 0 | 0 | 0 | 0 | 0 | 0 | 0 | 0 | 0 | 0 | 0 | 0 | 0 | 0 | 0 | 0 | 0 | 0 | 0 | 0 | 0 | 0 | 0 | 0 | 0 | 0 |
| 吉首 | 0 | 0 | 0 | 0 | 1 | 0 | 0 | 1 | 0 | 1 | 0 | 0 | 0 | 0 | 0 | 0 | 0 | 0 | 0 | 0 | 0 | 0 | 0 | 0 | 0 | 0 | 0 |
| 凤凰 | 0 | 0 | 0 | 0 | 0 | 0 | 1 | 0 | 1 | 0 | 0 | 0 | 0 | 0 | 0 | 0 | 0 | 0 | 0 | 0 | 0 | 0 | 0 | 0 | 1 | 0 | 0 |
| 怀化 | 0 | 0 | 0 | 0 | 0 | 0 | 0 | 1 | 0 | 0 | 1 | 1 | 1 | 0 | 1 | 0 | 0 | 0 | 0 | 0 | 0 | 0 | 0 | 0 | 0 | 0 | 0 |
| 沅陵 | 0 | 0 | 0 | 0 | 0 | 0 | 1 | 0 | 0 | 0 | 0 | 0 | 0 | 0 | 0 | 0 | 0 | 0 | 1 | 0 | 0 | 0 | 0 | 0 | 0 | 0 | 0 |
| 溆浦 | 0 | 0 | 0 | 0 | 0 | 0 | 0 | 0 | 1 | 0 | 0 | 0 | 0 | 0 | 0 | 0 | 0 | 0 | 0 | 1 | 0 | 0 | 0 | 0 | 0 | 0 | 0 |
| 新晃 | 0 | 0 | 0 | 0 | 0 | 0 | 0 | 0 | 1 | 0 | 0 | 0 | 0 | 0 | 0 | 0 | 0 | 0 | 0 | 0 | 0 | 0 | 0 | 1 | 0 | 0 | 0 |
| 靖州 | 0 | 0 | 0 | 0 | 0 | 0 | 0 | 0 | 1 | 0 | 0 | 0 | 0 | 1 | 0 | 0 | 0 | 0 | 0 | 0 | 0 | 0 | 0 | 0 | 0 | 0 | 0 |
| 通道 | 0 | 0 | 0 | 0 | 0 | 0 | 0 | 0 | 0 | 0 | 0 | 0 | 1 | 0 | 0 | 0 | 0 | 0 | 0 | 0 | 0 | 0 | 0 | 0 | 0 | 0 | 0 |
| 洞口 | 0 | 0 | 0 | 0 | 0 | 0 | 0 | 0 | 1 | 0 | 0 | 0 | 0 | 0 | 0 | 1 | 0 | 1 | 0 | 0 | 0 | 0 | 0 | 0 | 0 | 0 | 0 |
| 武冈 | 0 | 0 | 0 | 0 | 0 | 0 | 0 | 0 | 0 | 0 | 0 | 0 | 0 | 0 | 1 | 0 | 1 | 0 | 0 | 0 | 0 | 0 | 0 | 0 | 0 | 0 | 0 |
| 新宁 | 0 | 0 | 0 | 0 | 0 | 0 | 0 | 0 | 0 | 0 | 0 | 0 | 0 | 0 | 0 | 1 | 0 | 0 | 0 | 0 | 0 | 1 | 0 | 0 | 0 | 0 | 0 |
| 邵阳 | 0 | 0 | 0 | 0 | 0 | 0 | 0 | 0 | 0 | 0 | 0 | 0 | 0 | 0 | 1 | 0 | 0 | 0 | 0 | 0 | 1 | 0 | 0 | 0 | 0 | 0 | 0 |
| 常德 | 1 | 0 | 0 | 0 | 0 | 0 | 0 | 0 | 0 | 1 | 0 | 0 | 0 | 0 | 0 | 0 | 0 | 0 | 0 | 0 | 0 | 0 | 0 | 0 | 0 | 0 | 0 |
| 新化 | 0 | 0 | 0 | 0 | 0 | 0 | 0 | 0 | 0 | 0 | 1 | 0 | 0 | 0 | 0 | 0 | 0 | 0 | 0 | 0 | 0 | 0 | 0 | 0 | 0 | 0 | 0 |
| 娄底 | 0 | 0 | 0 | 0 | 0 | 0 | 0 | 0 | 0 | 0 | 0 | 0 | 0 | 0 | 0 | 0 | 0 | 1 | 0 | 0 | 0 | 0 | 0 | 0 | 0 | 0 | 0 |
| 资源 | 0 | 0 | 0 | 0 | 0 | 0 | 0 | 0 | 0 | 0 | 0 | 0 | 0 | 0 | 0 | 0 | 1 | 0 | 0 | 0 | 0 | 0 | 0 | 0 | 0 | 0 | 0 |
| 三江 | 0 | 0 | 0 | 0 | 0 | 0 | 0 | 0 | 0 | 0 | 0 | 0 | 0 | 0 | 0 | 0 | 0 | 0 | 0 | 0 | 0 | 0 | 0 | 0 | 0 | 0 | 0 |
| 玉屏 | 0 | 0 | 0 | 0 | 0 | 0 | 0 | 0 | 0 | 0 | 0 | 1 | 0 | 0 | 0 | 0 | 0 | 0 | 0 | 0 | 0 | 0 | 0 | 0 | 0 | 0 | 0 |
| 铜仁 | 0 | 0 | 0 | 0 | 0 | 0 | 0 | 1 | 0 | 0 | 0 | 0 | 0 | 0 | 0 | 0 | 0 | 0 | 0 | 0 | 0 | 0 | 0 | 0 | 0 | 0 | 0 |
| 秀山 | 0 | 0 | 0 | 0 | 1 | 0 | 0 | 0 | 0 | 0 | 0 | 0 | 0 | 0 | 0 | 0 | 0 | 0 | 0 | 0 | 0 | 0 | 0 | 0 | 0 | 0 | 0 |
| 来凤 | 0 | 0 | 0 | 1 | 0 | 0 | 0 | 0 | 0 | 0 | 0 | 0 | 0 | 0 | 0 | 0 | 0 | 0 | 0 | 0 | 0 | 0 | 0 | 0 | 0 | 0 | 0 |

**表 2.7　湘西地区铁路关联矩阵**

| | 慈利 | 张家界 | 永顺 | 龙山 | 花垣 | 古丈 | 吉首 | 凤凰 | 怀化 | 沅陵 | 溆浦 | 新晃 | 靖州 | 通道 | 洞口 | 武冈 | 新宁 | 邵阳 | 常德 | 新化 | 娄底 | 资源 | 三江 | 玉屏 | 铜仁 | 秀山 | 来凤 |
|---|---|---|---|---|---|---|---|---|---|---|---|---|---|---|---|---|---|---|---|---|---|---|---|---|---|---|---|
| 慈利 | 0 | 1 | 0 | 0 | 0 | 0 | 0 | 0 | 0 | 0 | 0 | 0 | 0 | 0 | 0 | 0 | 0 | 0 | 1 | 0 | 0 | 0 | 0 | 0 | 0 | 0 | 0 |
| 张家界 | 1 | 0 | 0 | 0 | 0 | 1 | 0 | 0 | 0 | 0 | 0 | 0 | 0 | 0 | 0 | 0 | 0 | 0 | 0 | 0 | 0 | 0 | 0 | 0 | 0 | 0 | 0 |
| 永顺 | 0 | 0 | 0 | 0 | 0 | 0 | 0 | 0 | 0 | 0 | 0 | 0 | 0 | 0 | 0 | 0 | 0 | 0 | 0 | 0 | 0 | 0 | 0 | 0 | 0 | 0 | 0 |
| 龙山 | 0 | 0 | 0 | 0 | 0 | 0 | 0 | 0 | 0 | 0 | 0 | 0 | 0 | 0 | 0 | 0 | 0 | 0 | 0 | 0 | 0 | 0 | 0 | 0 | 0 | 0 | 0 |
| 花垣 | 0 | 0 | 0 | 0 | 0 | 0 | 0 | 0 | 0 | 0 | 0 | 0 | 0 | 0 | 0 | 0 | 0 | 0 | 0 | 0 | 0 | 0 | 0 | 0 | 0 | 0 | 0 |
| 古丈 | 0 | 1 | 0 | 0 | 0 | 0 | 1 | 0 | 0 | 0 | 0 | 0 | 0 | 0 | 0 | 0 | 0 | 0 | 0 | 0 | 0 | 0 | 0 | 0 | 0 | 0 | 0 |
| 吉首 | 0 | 0 | 0 | 0 | 0 | 1 | 0 | 0 | 1 | 0 | 0 | 0 | 0 | 0 | 0 | 0 | 0 | 0 | 0 | 0 | 0 | 0 | 0 | 0 | 0 | 0 | 0 |
| 凤凰 | 0 | 0 | 0 | 0 | 0 | 0 | 0 | 0 | 0 | 0 | 0 | 0 | 0 | 0 | 0 | 0 | 0 | 0 | 0 | 0 | 0 | 0 | 0 | 0 | 0 | 0 | 0 |
| 怀化 | 0 | 0 | 0 | 0 | 0 | 0 | 1 | 0 | 0 | 0 | 1 | 1 | 1 | 0 | 0 | 0 | 0 | 1 | 0 | 0 | 0 | 0 | 0 | 0 | 0 | 0 | 0 |
| 沅陵 | 0 | 0 | 0 | 0 | 0 | 0 | 0 | 0 | 0 | 0 | 0 | 0 | 0 | 0 | 0 | 0 | 0 | 0 | 0 | 0 | 0 | 0 | 0 | 0 | 0 | 0 | 0 |
| 溆浦 | 0 | 0 | 0 | 0 | 0 | 0 | 0 | 0 | 1 | 0 | 0 | 0 | 0 | 0 | 0 | 0 | 0 | 0 | 0 | 1 | 0 | 0 | 0 | 0 | 0 | 0 | 0 |
| 新晃 | 0 | 0 | 0 | 0 | 0 | 0 | 0 | 0 | 1 | 0 | 0 | 0 | 0 | 0 | 0 | 0 | 0 | 0 | 0 | 0 | 0 | 0 | 0 | 1 | 0 | 0 | 0 |
| 靖州 | 0 | 0 | 0 | 0 | 0 | 0 | 0 | 0 | 1 | 0 | 0 | 0 | 0 | 0 | 0 | 0 | 0 | 0 | 0 | 0 | 0 | 0 | 1 | 0 | 0 | 0 | 0 |
| 通道 | 0 | 0 | 0 | 0 | 0 | 0 | 0 | 0 | 0 | 0 | 0 | 0 | 0 | 0 | 0 | 0 | 0 | 0 | 0 | 0 | 0 | 0 | 0 | 0 | 0 | 0 | 0 |
| 洞口 | 0 | 0 | 0 | 0 | 0 | 0 | 0 | 0 | 0 | 0 | 0 | 0 | 0 | 0 | 0 | 0 | 0 | 0 | 0 | 0 | 0 | 0 | 0 | 0 | 0 | 0 | 0 |
| 武冈 | 0 | 0 | 0 | 0 | 0 | 0 | 0 | 0 | 0 | 0 | 0 | 0 | 0 | 0 | 0 | 0 | 0 | 0 | 0 | 0 | 0 | 0 | 0 | 0 | 0 | 0 | 0 |
| 新宁 | 0 | 0 | 0 | 0 | 0 | 0 | 0 | 0 | 0 | 0 | 0 | 0 | 0 | 0 | 0 | 0 | 0 | 0 | 0 | 0 | 0 | 0 | 0 | 0 | 0 | 0 | 0 |
| 邵阳 | 0 | 0 | 0 | 0 | 0 | 0 | 0 | 0 | 1 | 0 | 0 | 0 | 0 | 0 | 0 | 0 | 0 | 0 | 0 | 0 | 1 | 0 | 0 | 0 | 0 | 0 | 0 |
| 常德 | 1 | 0 | 0 | 0 | 0 | 0 | 0 | 0 | 0 | 0 | 0 | 0 | 0 | 0 | 0 | 0 | 0 | 0 | 0 | 0 | 0 | 0 | 0 | 0 | 0 | 0 | 0 |
| 新化 | 0 | 0 | 0 | 0 | 0 | 0 | 0 | 0 | 0 | 1 | 0 | 0 | 0 | 0 | 0 | 0 | 0 | 0 | 0 | 0 | 0 | 0 | 0 | 0 | 0 | 0 | 0 |
| 娄底 | 0 | 0 | 0 | 0 | 0 | 0 | 0 | 0 | 0 | 0 | 0 | 0 | 0 | 0 | 0 | 0 | 0 | 1 | 0 | 0 | 0 | 0 | 0 | 0 | 0 | 0 | 0 |
| 资源 | 0 | 0 | 0 | 0 | 0 | 0 | 0 | 0 | 0 | 0 | 0 | 0 | 0 | 0 | 0 | 0 | 0 | 0 | 0 | 0 | 0 | 0 | 0 | 0 | 0 | 0 | 0 |
| 三江 | 0 | 0 | 0 | 0 | 0 | 0 | 0 | 0 | 0 | 0 | 0 | 0 | 0 | 0 | 0 | 0 | 0 | 0 | 0 | 0 | 0 | 0 | 0 | 0 | 0 | 0 | 0 |
| 玉屏 | 0 | 0 | 0 | 0 | 0 | 0 | 0 | 0 | 0 | 0 | 0 | 0 | 0 | 0 | 0 | 0 | 0 | 0 | 0 | 0 | 0 | 0 | 0 | 0 | 0 | 0 | 0 |
| 铜仁 | 0 | 0 | 0 | 0 | 0 | 0 | 0 | 0 | 0 | 0 | 0 | 0 | 0 | 0 | 0 | 0 | 0 | 0 | 0 | 0 | 0 | 0 | 0 | 0 | 0 | 0 | 0 |
| 秀山 | 0 | 0 | 0 | 0 | 0 | 0 | 0 | 0 | 0 | 0 | 0 | 0 | 0 | 0 | 0 | 0 | 0 | 0 | 0 | 0 | 0 | 0 | 0 | 0 | 0 | 0 | 0 |
| 来凤 | 0 | 0 | 0 | 0 | 0 | 0 | 0 | 0 | 0 | 0 | 0 | 0 | 0 | 0 | 0 | 0 | 0 | 0 | 0 | 0 | 0 | 0 | 0 | 0 | 0 | 0 | 0 |

3. 权矩阵

**表 2.8　湘西地区普通国省道权矩阵**

| | 慈利 | 张家界 | 永顺 | 龙山 | 花垣 | 古丈 | 吉首 | 凤凰 | 怀化 | 沅陵 | 溆浦 | 新晃 | 靖州 | 通道 | 洞口 | 武冈 | 新宁 | 邵阳 | 常德 | 新化 | 娄底 | 资源 | 三江 | 玉屏 | 铜仁 | 秀山 | 来凤 |
|---|---|---|---|---|---|---|---|---|---|---|---|---|---|---|---|---|---|---|---|---|---|---|---|---|---|---|---|
| 慈利 | 0 | 175/127 | 0 | 0 | 0 | 0 | 0 | 0 | 0 | 0 | 0 | 0 | 0 | 0 | 0 | 0 | 0 | 0 | 106/86 | 0 | 0 | 0 | 0 | 0 | 0 | 0 | 0 |
| 张家界 | 175/127 | 0 | 110/85 | 0 | 0 | 0 | 0 | 0 | 0 | 211/142 | 0 | 0 | 0 | 0 | 0 | 0 | 0 | 0 | 0 | 0 | 0 | 0 | 0 | 0 | 0 | 0 | 0 |
| 永顺 | 0 | 110/85 | 0 | 127/103 | 120/75 | 125/90 | 0 | 0 | 0 | 0 | 0 | 0 | 0 | 0 | 0 | 0 | 0 | 0 | 0 | 0 | 0 | 0 | 0 | 0 | 0 | 0 | 0 |
| 龙山 | 0 | 0 | 127/103 | 0 | 0 | 0 | 0 | 0 | 0 | 0 | 0 | 0 | 0 | 0 | 0 | 0 | 0 | 0 | 0 | 0 | 0 | 0 | 0 | 0 | 0 | 0 | 24/10 |
| 花垣 | 0 | 0 | 120/75 | 0 | 0 | 0 | 113/69 | 0 | 0 | 0 | 0 | 0 | 0 | 0 | 0 | 0 | 0 | 0 | 0 | 0 | 0 | 0 | 0 | 0 | 0 | 120/75 | 0 |
| 古丈 | 0 | 0 | 125/90 | 0 | 0 | 0 | 88/57 | 0 | 0 | 0 | 0 | 0 | 0 | 0 | 0 | 0 | 0 | 0 | 0 | 0 | 0 | 0 | 0 | 0 | 0 | 0 | 0 |
| 吉首 | 0 | 0 | 0 | 0 | 113/69 | 88/57 | 0 | 93/52 | 0 | 170/123 | 0 | 0 | 0 | 0 | 0 | 0 | 0 | 0 | 0 | 0 | 0 | 0 | 0 | 0 | 0 | 0 | 0 |
| 凤凰 | 0 | 0 | 0 | 0 | 0 | 0 | 93/52 | 0 | 173/97 | 0 | 0 | 0 | 0 | 0 | 0 | 0 | 0 | 0 | 0 | 0 | 0 | 0 | 0 | 0 | 82/64 | 0 | 0 |
| 怀化 | 0 | 0 | 0 | 0 | 0 | 0 | 0 | 173/97 | 0 | 180/136 | 167/114 | 236/139 | 168/135 | 0 | 336/200 | 0 | 0 | 0 | 0 | 0 | 0 | 0 | 0 | 0 | 0 | 0 | 0 |
| 沅陵 | 0 | 211/142 | 0 | 0 | 0 | 0 | 170/123 | 0 | 180/136 | 0 | 0 | 0 | 0 | 0 | 0 | 0 | 0 | 0 | 279/197 | 0 | 0 | 0 | 0 | 0 | 0 | 0 | 0 |
| 溆浦 | 0 | 0 | 0 | 0 | 0 | 0 | 0 | 0 | 167/114 | 0 | 0 | 0 | 0 | 0 | 0 | 0 | 0 | 0 | 0 | 330/138 | 0 | 0 | 0 | 0 | 0 | 0 | 0 |
| 新晃 | 0 | 0 | 0 | 0 | 0 | 0 | 0 | 0 | 236/139 | 0 | 0 | 0 | 0 | 0 | 0 | 0 | 0 | 0 | 0 | 0 | 0 | 0 | 0 | 42/31 | 0 | 0 | 0 |
| 靖州 | 0 | 0 | 0 | 0 | 0 | 0 | 0 | 0 | 168/135 | 0 | 0 | 0 | 0 | 98/80 | 0 | 169/144 | 0 | 0 | 0 | 0 | 0 | 0 | 0 | 0 | 0 | 0 | 0 |
| 通道 | 0 | 0 | 0 | 0 | 0 | 0 | 0 | 0 | 0 | 0 | 0 | 0 | 98/80 | 0 | 0 | 0 | 0 | 0 | 0 | 0 | 0 | 0 | 85/67 | 0 | 0 | 0 | 0 |
| 洞口 | 0 | 0 | 0 | 0 | 0 | 0 | 0 | 0 | 336/200 | 0 | 0 | 0 | 0 | 0 | 0 | 52/40 | 0 | 158/108 | 0 | 0 | 0 | 0 | 0 | 0 | 0 | 0 | 0 |
| 武冈 | 0 | 0 | 0 | 0 | 0 | 0 | 0 | 0 | 0 | 0 | 0 | 0 | 169/144 | 0 | 52/40 | 0 | 62/45 | 0 | 0 | 0 | 0 | 0 | 0 | 0 | 0 | 0 | 0 |
| 新宁 | 0 | 0 | 0 | 0 | 0 | 0 | 0 | 0 | 0 | 0 | 0 | 0 | 0 | 0 | 0 | 62/45 | 0 | 0 | 0 | 0 | 0 | 95/67 | 0 | 0 | 0 | 0 | 0 |
| 邵阳 | 0 | 0 | 0 | 0 | 0 | 0 | 0 | 0 | 0 | 0 | 0 | 0 | 0 | 0 | 158/108 | 0 | 0 | 0 | 0 | 0 | 165/109 | 0 | 0 | 0 | 0 | 0 | 0 |
| 常德 | 106/86 | 0 | 0 | 0 | 0 | 0 | 0 | 0 | 0 | 279/197 | 0 | 0 | 0 | 0 | 0 | 0 | 0 | 0 | 0 | 0 | 0 | 0 | 0 | 0 | 0 | 0 | 0 |
| 新化 | 0 | 0 | 0 | 0 | 0 | 0 | 0 | 0 | 0 | 0 | 330/138 | 0 | 0 | 0 | 0 | 0 | 0 | 0 | 0 | 0 | 0 | 0 | 0 | 0 | 0 | 0 | 0 |
| 娄底 | 0 | 0 | 0 | 0 | 0 | 0 | 0 | 0 | 0 | 0 | 0 | 0 | 0 | 0 | 0 | 0 | 0 | 165/109 | 0 | 0 | 0 | 0 | 0 | 0 | 0 | 0 | 0 |
| 资源 | 0 | 0 | 0 | 0 | 0 | 0 | 0 | 0 | 0 | 0 | 0 | 0 | 0 | 0 | 0 | 0 | 95/67 | 0 | 0 | 0 | 0 | 0 | 0 | 0 | 0 | 0 | 0 |
| 三江 | 0 | 0 | 0 | 0 | 0 | 0 | 0 | 0 | 0 | 0 | 0 | 0 | 0 | 85/67 | 0 | 0 | 0 | 0 | 0 | 0 | 0 | 0 | 0 | 0 | 0 | 0 | 0 |
| 玉屏 | 0 | 0 | 0 | 0 | 0 | 0 | 0 | 0 | 0 | 0 | 0 | 42/31 | 0 | 0 | 0 | 0 | 0 | 0 | 0 | 0 | 0 | 0 | 0 | 0 | 0 | 0 | 0 |
| 铜仁 | 0 | 0 | 0 | 0 | 0 | 0 | 0 | 82/64 | 0 | 0 | 0 | 0 | 0 | 0 | 0 | 0 | 0 | 0 | 0 | 0 | 0 | 0 | 0 | 0 | 0 | 0 | 0 |
| 秀山 | 0 | 0 | 0 | 0 | 120/75 | 0 | 0 | 0 | 0 | 0 | 0 | 0 | 0 | 0 | 0 | 0 | 0 | 0 | 0 | 0 | 0 | 0 | 0 | 0 | 0 | 0 | 0 |
| 来凤 | 0 | 0 | 0 | 24/10 | 0 | 0 | 0 | 0 | 0 | 0 | 0 | 0 | 0 | 0 | 0 | 0 | 0 | 0 | 0 | 0 | 0 | 0 | 0 | 0 | 0 | 0 | 0 |

## 表 2.9 湘西地区高速公路权矩阵

| | 慈利 | 张家界 | 永顺 | 龙山 | 花垣 | 古丈 | 吉首 | 凤凰 | 怀化 | 沅陵 | 溆浦 | 新晃 | 靖州 | 通道 | 洞口 | 武冈 | 新宁 | 邵阳 | 常德 | 新化 | 娄底 | 资源 | 三江 | 玉屏 | 铜仁 | 秀山 | 来凤 |
|---|---|---|---|---|---|---|---|---|---|---|---|---|---|---|---|---|---|---|---|---|---|---|---|---|---|---|---|
| 慈利 | 0 | 70/86 | 0 | 0 | 0 | 0 | 0 | 0 | 0 | 0 | 0 | 0 | 0 | 0 | 0 | 0 | 0 | 0 | 60/78 | 0 | 0 | 0 | 0 | 0 | 0 | 0 | 0 |
| 张家界 | 70/86 | 0 | 110/106 | 0 | 0 | 0 | 0 | 0 | 0 | 0 | 0 | 0 | 0 | 0 | 0 | 0 | 0 | 0 | 0 | 0 | 0 | 0 | 0 | 0 | 0 | 0 | 0 |
| 永顺 | 0 | 110/106 | 0 | 100/90 | 80/73 | 0 | 0 | 0 | 0 | 0 | 0 | 0 | 0 | 0 | 0 | 0 | 0 | 0 | 0 | 0 | 0 | 0 | 0 | 0 | 0 | 0 | 0 |
| 龙山 | 0 | 0 | 100/90 | 0 | 0 | 0 | 0 | 0 | 0 | 0 | 0 | 0 | 0 | 0 | 0 | 0 | 0 | 0 | 0 | 0 | 0 | 0 | 0 | 0 | 0 | 0 | 24/10 |
| 花垣 | 0 | 0 | 80/73 | 0 | 0 | 0 | 60/48 | 0 | 0 | 0 | 0 | 0 | 0 | 0 | 0 | 0 | 0 | 0 | 0 | 0 | 0 | 0 | 0 | 0 | 0 | 78/63 | 0 |
| 古丈 | 0 | 0 | 0 | 0 | 0 | 0 | 0 | 0 | 0 | 0 | 0 | 0 | 0 | 0 | 0 | 0 | 0 | 0 | 0 | 0 | 0 | 0 | 0 | 0 | 0 | 0 | 0 |
| 吉首 | 0 | 0 | 0 | 0 | 60/48 | 0 | 0 | 61/50 | 0 | 92/94 | 0 | 0 | 0 | 0 | 0 | 0 | 0 | 0 | 0 | 0 | 0 | 0 | 0 | 0 | 0 | 0 | 0 |
| 凤凰 | 0 | 0 | 0 | 0 | 0 | 0 | 61/50 | 0 | 81/86 | 0 | 0 | 0 | 0 | 0 | 0 | 0 | 0 | 0 | 0 | 0 | 0 | 0 | 0 | 0 | 84/83 | 0 | 0 |
| 怀化 | 0 | 0 | 0 | 0 | 0 | 0 | 0 | 81/86 | 0 | 0 | 88/97 | 85/98 | 99/121 | 0 | 100/110 | 0 | 0 | 0 | 0 | 0 | 0 | 0 | 0 | 0 | 0 | 0 | 0 |
| 沅陵 | 0 | 0 | 0 | 0 | 0 | 0 | 92/94 | 0 | 0 | 0 | 0 | 0 | 0 | 0 | 0 | 0 | 0 | 0 | 132/179 | 0 | 0 | 0 | 0 | 0 | 0 | 0 | 0 |
| 溆浦 | 0 | 0 | 0 | 0 | 0 | 0 | 0 | 0 | 88/97 | 0 | 0 | 0 | 0 | 0 | 0 | 0 | 0 | 0 | 0 | 96/108 | 0 | 0 | 0 | 0 | 0 | 0 | 0 |
| 新晃 | 0 | 0 | 0 | 0 | 0 | 0 | 0 | 0 | 85/98 | 0 | 0 | 0 | 0 | 0 | 0 | 0 | 0 | 0 | 0 | 0 | 0 | 0 | 0 | 45/45 | 0 | 0 | 0 |
| 靖州 | 0 | 0 | 0 | 0 | 0 | 0 | 0 | 0 | 99/121 | 0 | 0 | 0 | 0 | 75/78 | 0 | 0 | 0 | 0 | 0 | 0 | 0 | 0 | 0 | 0 | 0 | 0 | 0 |
| 通道 | 0 | 0 | 0 | 0 | 0 | 0 | 0 | 0 | 0 | 0 | 0 | 0 | 75/78 | 0 | 0 | 0 | 0 | 0 | 0 | 0 | 0 | 0 | 0 | 0 | 0 | 0 | 0 |
| 洞口 | 0 | 0 | 0 | 0 | 0 | 0 | 0 | 0 | 100/110 | 0 | 0 | 0 | 0 | 0 | 0 | 38/51 | 0 | 78/103 | 0 | 0 | 0 | 0 | 0 | 0 | 0 | 0 | 0 |
| 武冈 | 0 | 0 | 0 | 0 | 0 | 0 | 0 | 0 | 0 | 0 | 0 | 0 | 0 | 0 | 38/51 | 0 | 56/48 | 0 | 0 | 0 | 0 | 0 | 0 | 0 | 0 | 0 | 0 |
| 新宁 | 0 | 0 | 0 | 0 | 0 | 0 | 0 | 0 | 0 | 0 | 0 | 0 | 0 | 0 | 0 | 56/48 | 0 | 0 | 0 | 0 | 0 | 0 | 0 | 0 | 0 | 0 | 0 |
| 邵阳 | 0 | 0 | 0 | 0 | 0 | 0 | 0 | 0 | 0 | 0 | 0 | 0 | 0 | 0 | 78/103 | 0 | 0 | 0 | 0 | 0 | 91/105 | 0 | 0 | 0 | 0 | 0 | 0 |
| 常德 | 60/78 | 0 | 0 | 0 | 0 | 0 | 0 | 0 | 0 | 132/179 | 0 | 0 | 0 | 0 | 0 | 0 | 0 | 0 | 0 | 0 | 0 | 0 | 0 | 0 | 0 | 0 | 0 |
| 新化 | 0 | 0 | 0 | 0 | 0 | 0 | 0 | 0 | 0 | 0 | 96/108 | 0 | 0 | 0 | 0 | 0 | 0 | 0 | 0 | 0 | 0 | 0 | 0 | 0 | 0 | 0 | 0 |
| 娄底 | 0 | 0 | 0 | 0 | 0 | 0 | 0 | 0 | 0 | 0 | 0 | 0 | 0 | 0 | 0 | 0 | 0 | 91/105 | 0 | 0 | 0 | 0 | 0 | 0 | 0 | 0 | 0 |
| 资源 | 0 | 0 | 0 | 0 | 0 | 0 | 0 | 0 | 0 | 0 | 0 | 0 | 0 | 0 | 0 | 0 | 0 | 0 | 0 | 0 | 0 | 0 | 0 | 0 | 0 | 0 | 0 |
| 三江 | 0 | 0 | 0 | 0 | 0 | 0 | 0 | 0 | 0 | 0 | 0 | 0 | 0 | 0 | 0 | 0 | 0 | 0 | 0 | 0 | 0 | 0 | 0 | 0 | 0 | 0 | 0 |
| 玉屏 | 0 | 0 | 0 | 0 | 0 | 0 | 0 | 0 | 0 | 0 | 0 | 45/45 | 0 | 0 | 0 | 0 | 0 | 0 | 0 | 0 | 0 | 0 | 0 | 0 | 0 | 0 | 0 |
| 铜仁 | 0 | 0 | 0 | 0 | 0 | 0 | 0 | 84/83 | 0 | 0 | 0 | 0 | 0 | 0 | 0 | 0 | 0 | 0 | 0 | 0 | 0 | 0 | 0 | 0 | 0 | 0 | 0 |
| 秀山 | 0 | 0 | 0 | 0 | 78/63 | 0 | 0 | 0 | 0 | 0 | 0 | 0 | 0 | 0 | 0 | 0 | 0 | 0 | 0 | 0 | 0 | 0 | 0 | 0 | 0 | 0 | 0 |
| 来凤 | 0 | 0 | 0 | 24/10 | 0 | 0 | 0 | 0 | 0 | 0 | 0 | 0 | 0 | 0 | 0 | 0 | 0 | 0 | 0 | 0 | 0 | 0 | 0 | 0 | 0 | 0 | 0 |

## 表 2.10 湘西地区铁路权矩阵

| | 慈利 | 张家界 | 永顺 | 龙山 | 花垣 | 古丈 | 吉首 | 凤凰 | 怀化 | 沅陵 | 溆浦 | 新晃 | 靖州 | 通道 | 洞口 | 武冈 | 新宁 | 邵阳 | 常德 | 新化 | 娄底 | 资源 | 三江 | 玉屏 | 铜仁 | 秀山 | 来凤 |
|---|---|---|---|---|---|---|---|---|---|---|---|---|---|---|---|---|---|---|---|---|---|---|---|---|---|---|---|
| 慈利 | 0 | 72/76 | 0 | 0 | 0 | 0 | 0 | 0 | 0 | 0 | 0 | 0 | 0 | 0 | 0 | 0 | 0 | 0 | 95/140 | 0 | 0 | 0 | 0 | 0 | 0 | 0 | 0 |
| 张家界 | 72/76 | 0 | 0 | 0 | 0 | 76/89 | 0 | 0 | 0 | 0 | 0 | 0 | 0 | 0 | 0 | 0 | 0 | 0 | 0 | 0 | 0 | 0 | 0 | 0 | 0 | 0 | 0 |
| 永顺 | 0 | 0 | 0 | 0 | 0 | 0 | 0 | 0 | 0 | 0 | 0 | 0 | 0 | 0 | 0 | 0 | 0 | 0 | 0 | 0 | 0 | 0 | 0 | 0 | 0 | 0 | 0 |
| 龙山 | 0 | 0 | 0 | 0 | 0 | 0 | 0 | 0 | 0 | 0 | 0 | 0 | 0 | 0 | 0 | 0 | 0 | 0 | 0 | 0 | 0 | 0 | 0 | 0 | 0 | 0 | 0 |
| 花垣 | 0 | 0 | 0 | 0 | 0 | 0 | 0 | 0 | 0 | 0 | 0 | 0 | 0 | 0 | 0 | 0 | 0 | 0 | 0 | 0 | 0 | 0 | 0 | 0 | 0 | 0 | 0 |
| 古丈 | 0 | 76/89 | 0 | 0 | 0 | 0 | 36/42 | 0 | 0 | 0 | 0 | 0 | 0 | 0 | 0 | 0 | 0 | 0 | 0 | 0 | 0 | 0 | 0 | 0 | 0 | 0 | 0 |
| 吉首 | 0 | 0 | 0 | 0 | 0 | 36/42 | 0 | 0 | 88/103 | 0 | 0 | 0 | 0 | 0 | 0 | 0 | 0 | 0 | 0 | 0 | 0 | 0 | 0 | 0 | 0 | 0 | 0 |
| 凤凰 | 0 | 0 | 0 | 0 | 0 | 0 | 0 | 0 | 0 | 0 | 0 | 0 | 0 | 0 | 0 | 0 | 0 | 0 | 0 | 0 | 0 | 0 | 0 | 0 | 0 | 0 | 0 |
| 怀化 | 0 | 0 | 0 | 0 | 0 | 0 | 88/103 | 0 | 0 | 0 | 87/101 | 75/87 | 111/129 | 0 | 0 | 0 | 0 | 40/155 | 0 | 0 | 0 | 0 | 0 | 0 | 0 | 0 | 0 |
| 沅陵 | 0 | 0 | 0 | 0 | 0 | 0 | 0 | 0 | 0 | 0 | 0 | 0 | 0 | 0 | 0 | 0 | 0 | 0 | 0 | 0 | 0 | 0 | 0 | 0 | 0 | 0 | 0 |
| 溆浦 | 0 | 0 | 0 | 0 | 0 | 0 | 0 | 0 | 87/101 | 0 | 0 | 0 | 0 | 0 | 0 | 0 | 0 | 0 | 0 | 105/122 | 0 | 0 | 0 | 0 | 0 | 0 | 0 |
| 新晃 | 0 | 0 | 0 | 0 | 0 | 0 | 0 | 0 | 75/87 | 0 | 0 | 0 | 0 | 0 | 0 | 0 | 0 | 0 | 0 | 0 | 0 | 0 | 0 | 25/29 | 0 | 0 | 0 |
| 靖州 | 0 | 0 | 0 | 0 | 0 | 0 | 0 | 0 | 111/129 | 0 | 0 | 0 | 0 | 0 | 0 | 0 | 0 | 0 | 0 | 0 | 0 | 0 | 78/91 | 0 | 0 | 0 | 0 |
| 通道 | 0 | 0 | 0 | 0 | 0 | 0 | 0 | 0 | 0 | 0 | 0 | 0 | 0 | 0 | 0 | 0 | 0 | 0 | 0 | 0 | 0 | 0 | 0 | 0 | 0 | 0 | 0 |
| 洞口 | 0 | 0 | 0 | 0 | 0 | 0 | 0 | 0 | 0 | 0 | 0 | 0 | 0 | 0 | 0 | 0 | 0 | 0 | 0 | 0 | 0 | 0 | 0 | 0 | 0 | 0 | 0 |
| 武冈 | 0 | 0 | 0 | 0 | 0 | 0 | 0 | 0 | 0 | 0 | 0 | 0 | 0 | 0 | 0 | 0 | 0 | 0 | 0 | 0 | 0 | 0 | 0 | 0 | 0 | 0 | 0 |
| 新宁 | 0 | 0 | 0 | 0 | 0 | 0 | 0 | 0 | 0 | 0 | 0 | 0 | 0 | 0 | 0 | 0 | 0 | 0 | 0 | 0 | 0 | 0 | 0 | 0 | 0 | 0 | 0 |
| 邵阳 | 0 | 0 | 0 | 0 | 0 | 0 | 0 | 0 | 40/155 | 0 | 0 | 0 | 0 | 0 | 0 | 0 | 0 | 0 | 0 | 0 | 16/52 | 0 | 0 | 0 | 0 | 0 | 0 |
| 常德 | 95/140 | 0 | 0 | 0 | 0 | 0 | 0 | 0 | 0 | 0 | 0 | 0 | 0 | 0 | 0 | 0 | 0 | 0 | 0 | 0 | 0 | 0 | 0 | 0 | 0 | 0 | 0 |
| 新化 | 0 | 0 | 0 | 0 | 0 | 0 | 0 | 0 | 0 | 0 | 105/122 | 0 | 0 | 0 | 0 | 0 | 0 | 0 | 0 | 0 | 0 | 0 | 0 | 0 | 0 | 0 | 0 |
| 娄底 | 0 | 0 | 0 | 0 | 0 | 0 | 0 | 0 | 0 | 0 | 0 | 0 | 0 | 0 | 0 | 0 | 0 | 16/52 | 0 | 0 | 0 | 0 | 0 | 0 | 0 | 0 | 0 |
| 资源 | 0 | 0 | 0 | 0 | 0 | 0 | 0 | 0 | 0 | 0 | 0 | 0 | 0 | 0 | 0 | 0 | 0 | 0 | 0 | 0 | 0 | 0 | 0 | 0 | 0 | 0 | 0 |
| 三江 | 0 | 0 | 0 | 0 | 0 | 0 | 0 | 0 | 0 | 0 | 0 | 0 | 78/91 | 0 | 0 | 0 | 0 | 0 | 0 | 0 | 0 | 0 | 0 | 0 | 0 | 0 | 0 |
| 玉屏 | 0 | 0 | 0 | 0 | 0 | 0 | 0 | 0 | 0 | 0 | 0 | 25/29 | 0 | 0 | 0 | 0 | 0 | 0 | 0 | 0 | 0 | 0 | 0 | 0 | 0 | 0 | 0 |
| 铜仁 | 0 | 0 | 0 | 0 | 0 | 0 | 0 | 0 | 0 | 0 | 0 | 0 | 0 | 0 | 0 | 0 | 0 | 0 | 0 | 0 | 0 | 0 | 0 | 0 | 0 | 0 | 0 |
| 秀山 | 0 | 0 | 0 | 0 | 0 | 0 | 0 | 0 | 0 | 0 | 0 | 0 | 0 | 0 | 0 | 0 | 0 | 0 | 0 | 0 | 0 | 0 | 0 | 0 | 0 | 0 | 0 |
| 来凤 | 0 | 0 | 0 | 0 | 0 | 0 | 0 | 0 | 0 | 0 | 0 | 0 | 0 | 0 | 0 | 0 | 0 | 0 | 0 | 0 | 0 | 0 | 0 | 0 | 0 | 0 | 0 |

## 2.3 区域运输需求空间分布研究

### 2.3.1 现状运输需求空间分布矩阵

由于缺乏大规模的运输需求调查和历史运输需求分布数据,只能通过已有的相关统计数据,对过去和未来区域交通运输需求空间布局进行推测和预测。本研究采取抽样调查的方式先得到先验运输需求分布矩阵,再通过分布模型最终得到区域交通运输需求空间分布。

首先,从客运和货运两个方面在区域内进行抽样的运输需求调查,根据实际情况在区域内每个城市分别进行调查,主要调查各城市的客货运输需求目的地和客货运吸引的发生地,最终形成以下调查矩阵。

$$\boldsymbol{XOC}=\begin{bmatrix} XOC_{11} & XOC_{12} & \cdots & XOC_{1j} & \cdots & XOC_{1m} \\ XOC_{21} & \cdots & \cdots & \cdots & \cdots & \cdots \\ \cdots & \cdots & \cdots & \cdots & \cdots & \cdots \\ XOC_{i1} & \cdots & \cdots & XOC_{ij} & \cdots & XOC_{im} \\ \cdots & \cdots & \cdots & \cdots & \cdots & \cdots \\ XOC_{n1} & XOC_{n2} & \cdots & XOC_{nj} & \cdots & XOC_{nm} \end{bmatrix} \tag{2.40}$$

其中:$XOC_{ij}$ 表示从城市 $i$ 前往城市 $j$ 的抽样调查客运量,$n$ 表示区域内的城市数量,$m=n+1$,表示区域外的城市。

$$\boldsymbol{XOC}=\begin{bmatrix} XOG_{11} & XOG_{12} & \cdots & XOG_{1j} & \cdots & XOG_{1m} \\ XOG_{21} & \cdots & \cdots & \cdots & \cdots & \cdots \\ \cdots & \cdots & \cdots & \cdots & \cdots & \cdots \\ XOG_{i1} & \cdots & \cdots & XOG_{ij} & \cdots & XOG_{im} \\ \cdots & \cdots & \cdots & \cdots & \cdots & \cdots \\ XOG_{n1} & XOG_{n2} & \cdots & XOG_{nj} & \cdots & XOG_{nm} \end{bmatrix} \tag{2.41}$$

其中,$XOG_{ij}$ 表示从城市 $i$ 前往城市 $j$ 的抽样调查货运量。

$$\boldsymbol{XOC}=\begin{bmatrix} XDC_{11} & XDC_{12} & \cdots & XDC_{1j} & \cdots & XDC_{1m} \\ XDC_{21} & \cdots & \cdots & \cdots & \cdots & \cdots \\ \cdots & \cdots & \cdots & \cdots & \cdots & \cdots \\ XDC_{i1} & \cdots & \cdots & XDC_{ij} & \cdots & XDC_{im} \\ \cdots & \cdots & \cdots & \cdots & \cdots & \cdots \\ XDC_{n1} & XDC_{n2} & \cdots & XDC_{nj} & \cdots & XDC_{nm} \end{bmatrix} \tag{2.42}$$

其中,$XDC_{ij}$ 表示以城市 $i$ 为目的地并从城市 $j$ 出发的抽样调查客运量。

$$\boldsymbol{XOC}=\begin{bmatrix} XDG_{11} & XDG_{12} & \cdots & XDG_{1j} & \cdots & XDG_{1m} \\ XDG_{21} & \cdots & \cdots & \cdots & \cdots & \cdots \\ \cdots & \cdots & \cdots & \cdots & \cdots & \cdots \\ XDG_{i1} & \cdots & \cdots & XDG_{ij} & \cdots & XDG_{im} \\ \cdots & \cdots & \cdots & \cdots & \cdots & \cdots \\ XDG_{n1} & XDG_{n2} & \cdots & XDG_{nj} & \cdots & XDG_{nm} \end{bmatrix} \tag{2.43}$$

其中，$XDG_{ij}$ 表示以城市 $i$ 为目的地并从城市 $j$ 出发的抽样调查货运量。

其次，根据以上调查矩阵，可以得到区域内各城市的客货运输需求分布比例矩阵 **POC** 和 **POG**，区域内各城市的客货吸引需求分布比例矩阵 **PDC** 和 **PDG**。城市货运发出量反应出该城市农业和工业的发展水平，因此，城市货运发出量与城市的第一和第二产业生产总值有关；城市货运吸引量和城市客运发出量反应出该城市的消费水平，因此，城市货运吸引量与城市居民消费水平（人均 GDP）有关；城市客运吸引量反应出该城市的购物、旅游、餐饮等行业的发展水平，因此，城市客运吸引量与城市第三产业生产总值有关。

$$\begin{aligned} VOC_i &= \frac{PC_i/PC_{\text{median}}}{PC_i/PC_{\text{median}}+SI_i/SI_{\text{median}}} \\ VDC_i &= \frac{SI_i/SI_{\text{median}}}{PC_i/PC_{\text{median}}+SI_i/SI_{\text{median}}} \\ VOG_i &= \frac{PSI_i/PSI_{\text{median}}}{PSI_i/PSI_{\text{median}}+PC_i/PC_{\text{median}}} \\ VDG_i &= \frac{PC_i/PC_{\text{median}}}{PSI_i/PSI_{\text{median}}+PC_i/PC_{\text{median}}} \end{aligned} \tag{2.44}$$

式中：$VOC_i$ 表示城市 $i$ 的客运出行比例，$VDC_i$ 表示城市 $i$ 的客运吸引比例，$PC_i$ 表示城市 $i$ 的人均 GDP，$PC_{\text{median}}$ 表示通道区域各城市的人均 GDP 中位数，$SI_i$ 表示城市 $i$ 的第三产业产值，$SI_{\text{median}}$ 表示通道区域各城市第三产业产值的中位数，$VOG_i$ 表示城市 $i$ 货运发出比例，$VDG_i$ 表示城市 $i$ 货运吸引比例，$PSI_i$ 表示城市 $i$ 第一和第二产业的产值，$PSI_{\text{median}}$ 表示通道区域各城市第一和第二产业产值的中位数。最终可以分别得到区域内各城市客运出行比例向量 **VOC**、客运吸引比例向量 **VDC**、货运发出比例向量 **VOG** 和货运吸引比例向量 **VDG**。

再次，根据区域各城市的交通运输统计数据，得到区域内各城市的客货运输量统计向量。$\boldsymbol{SC}=[xc_1,xc_2,\cdots,xc_i,\cdots,xc_n]$，$\boldsymbol{SC}=[xg_1,xg_2,\cdots,xg_i,\cdots,xg_n]$，**SC** 表示区域内各城市客运统计向量，$xc_i$表示城市 $i$ 客运统计量，**SC** 表示区域内各城市货运统计向量，$xg_i$ 表示城市 $i$ 货运统计量。

最后，根据区域内各城市的客货运输量统计向量以及人口、产业统计数据得到的各年各城市出发吸引比例向量，可以得到区域内各年各城市客运出行量 $SOC$ 和客运吸引量 $SDC$，同时也可以得到区域内各年各城市货运需求量 $SOG$ 和货运吸引量 $SDG$。利用现场调查得到的区域内各城市客运和货运的出发和吸引需求分布比例矩阵，最终得到区域内各年各城市客货运输需求分布矩阵。与此同时，根据各年各城市客货运输需求吸引比例向量，并结合现场调查得到的各城市运输需求吸引比例向量，利用动态加权方法可以推测和预测区域内各城市客货运输需求吸引比例向量。

### 2.3.2 运输需求空间分布预测

分析区域综合运输通道，需要研究运输通道的形成过程，需要区域交通运输的历史数据和未来数据，而这些运输需求空间分布数据无法直接获取，因此，本研究在现状运输需求矩阵的基础上，采用重力模型对区域交通运输需求空间分布的过去和未来进行推测和预测。

重力模型是一种城市交通规划中常见的OD预测方式[104]。本研究假定区域内城市$i$和城市$j$之间的交通运输量为$t_{ij}$，与城市$i$的发生交通运输量和城市$j$的吸引交通运输量成正比，与两个城市之间的运输时间或距离成反比。

$$t_{ij} = K\frac{O_i^{\alpha}D_j^{\beta}}{R_{ij}^{\gamma}} \tag{2.45}$$

式中：$O_i$为城市$i$的交通运输产生量，$D_j$为城市$j$的交通运输吸引量。由于区域各城市交通运输产生量和吸引量的历史数据难以获得，可以基于区域内各城市人口、GDP和各产业的产值对各城市交通运输产生量和吸引量进行分析。$\alpha$、$\beta$反应区域内城市产生客货运交通量的能力，因此称为潜能系数，根据经验，系数$\alpha$、$\beta$取值在0.5～1之间，在本研究中，地级市的潜能系数设置为1，县级市的潜能系数设置为0.5。$R_{ij}$不仅仅是城市$i$与城市$j$之间的平均运输距离，而是城市$i$与城市$j$之间的阻抗，由于区域综合运输通道属于长距离的运输通道，因而阻抗主要是指两地之间利用不同交通运输方式的综合运输成本，主要与区域各城市之间选择不同交通运输方式的比例有关。$K$、$\gamma$利用OD调查统计数据的值，采用回归分析的方法确定。

为了保证区域综合运输通道各城市交通运输产生量和吸引量守恒，本研究采用双约束重力模型[93]：

$$\begin{aligned} t_{ij} &= K_i \times K'_j \times O_i \times D_j \times f(R_{ij}) \\ K_i &= \frac{1}{\sum\limits_j K'_j \times D_j \times f(R_{ij})} \\ K'_j &= \frac{1}{\sum\limits_i K_i \times O_i \times f(R_{ij})} \end{aligned} \tag{2.46}$$

其中：$R_{ij}$表示两城市$i$，$j$之间的交通运输阻抗，$f(R_{ij})$表示两城市之间的阻抗函数，这里采用幂函数和指数函数作为拟合区域综合运输通道交通运输出行的阻抗函数。

$$f(R_{ij}) = R_{ij}^{-\gamma}$$
$$f(R_{ij}) = \exp(-\gamma \times R_{ij}) \tag{2.47}$$

其中：$\gamma$ 表示拟合交通运输分布特征的参数。

由于客货运输量受区域经济社会环境影响较大，区域客货运输数据采集很难全面，因此区域客货运输量属于介于白色系统和黑色系统之间的灰色系统，在该系统中部分信息是已知的，部分信息是未知的，系统内部各因素之间呈现不同的关系。灰色预测通过分析系统中已知数据在一定方位内的变化以及与时间所具有的潜在规律进行预测。

灰色预测 GM(1,1) 建模是将原始数据进行累加处理，得到具有一定规律的生成数列，然后建立模型并得到数据，再将数据进行累减得到预测数据。

$$X^1(i) = \sum_{k=1}^{i} X^0(k), \quad i = 1,2,\cdots,n \tag{2.48}$$

其中：$X^0(i)$ 表示原始数据列，$X^1(i)$ 表示累加数据列。通过准光滑性检验、准指数规律检验和级比检验，判断累加数据列是否具有指数增长的规律，满足以下方程：

$$\frac{\mathrm{d}X^1}{\mathrm{d}t} + aX^1 = b \tag{2.49}$$

式中：$a$ 表示发展灰度，$b$ 表示内生控制灰度，$a$ 和 $b$ 为预测模型参数。令 $\hat{\boldsymbol{a}} = (a,b)^{\mathrm{T}}$ 为待估计向量，将 $\mathrm{d}X^1/\mathrm{d}t$ 离散化。

$$\frac{\mathrm{d}X^1(k)}{\mathrm{d}t} = X^1(k) - X^1(k-1), \quad k = 2,3,\cdots,n \tag{2.50}$$

$$Z^1(k) = \mu X^1(k) + (1-\mu)X^1(k-1), \quad k = 2,3,\cdots,n \tag{2.51}$$

式中：$Z^1(k)$ 表示背景值，$\mu$ 表示权重系数，$\mu \in [0,1]$。先假设权重系数 $\mu = 0$，可以得到下式：

$$X^1(k) - X^1(k-1) + aX^1(k-1) = b, \quad k = 2,3,\cdots,n \tag{2.52}$$

通过最小二乘法得到下式，并计算出参数 $a$ 和 $b$。

$$\hat{\boldsymbol{a}} = (\boldsymbol{B}_{\mu=0}^{\mathrm{T}}\boldsymbol{B}_{\mu=0})^{-1}\boldsymbol{B}_{\mu=0}^{\mathrm{T}}\boldsymbol{Y}_n$$
$$\boldsymbol{B}_{\mu=0} = \begin{bmatrix} -Z^1(2) & 1 \\ -Z^1(3) & 1 \\ \vdots & \vdots \\ -Z^1(n) & 1 \end{bmatrix} = \begin{bmatrix} -X^1(1) & 1 \\ -X^1(2) & 1 \\ \vdots & \vdots \\ -X^1(n-1) & 1 \end{bmatrix} \tag{2.53}$$

此时，得到原始数据序列的预测模型：

$$\bar{X}^1(k+1) = C(1-\mathrm{e}^a)^{-1}\mathrm{e}^{-ak} + \frac{b}{a}, \quad k = 0,1,\cdots,n-1$$
$$\bar{X}^0(k+1) = C\mathrm{e}^{-ak}, \quad k = 0,1,\cdots,n-1 \tag{2.54}$$
$$C = c(1-\mathrm{e}^a)$$

其中,$C$ 表示预测数据初始值。

当 $S$ 取最小值时,模型的预测精度最高,从而得到预测数据初始值。

$$C=\frac{\left[X^{0}(1)-\frac{b}{a}\right]\left[1-\mathrm{e}^{a}\right]^{-1}+\sum_{k=2}^{n}X^{0}(k)\mathrm{e}^{-a(k-1)}}{(1-\mathrm{e}^{a})^{-2}+\sum_{k=2}^{n}\mathrm{e}^{-2a(k-1)}} \tag{2.55}$$

初始值应该满足预测值和实际值的离差平方和最小,因此,计算离差平方和。

$$S=\sum_{k=1}^{n}(\hat{X}^{0}(k)-X^{0}(k))^{2}=\left[C(1-\mathrm{e}^{a})^{-1}+\frac{b}{a}-X^{0}(1)\right]^{2}+\sum_{k=2}^{n}\left[C\mathrm{e}^{-a(k-1)}-X^{0}(k)\right]^{2} \tag{2.56}$$

通过在 0 到 1 之间调整权重系数 $\mu$ ,重复以上过程,找到预测值和实际值的离差平方和最小时的最佳权重系数,并最终按此权重系数进行预测。

### 2.3.3 实证分析

湘西地区地处云贵高原之东侧,北西高,东南低,属中国由西向东逐渐降低第二阶梯之东缘。地势由西北向东南倾斜,武陵山脉由北东向南西斜贯全州,北部多山。过去,由于交通基础设施比较落后,导致该地区的经济难以发展。

随着我国大力发展交通基础设施建设,近十年,该区域的交通运输基础设施明显改善,区域经济社会发展迅速,居民出行需求以及货物运输需求也随之发生了变化。本研究根据调研数据和历史统计资料,采用改进的重力模型,对湘西地区过去、现在和未来的区域出行空间分布进行推测和预测。

1. 调研数据

本研究进行了为期两个月的调研,在湘西地区以及周边 28 个城市的车站以及物流园进行问卷调研,调查旅客 2 096 人次,调查货运车辆 667 辆,收到有效问卷 2 736 份。

2. 历史统计数据

通过查阅湘西地区各城市的统计年鉴,得到了湘西地区各城市 2005—2015 年间的客运和货运量,各城市 2005—2015 年间的人口数量,以及各城市 2005—2015 年间国内生产总值,第一、第二、第三产业增加值。

根据历史数据构建湘西地区各城市客货运输量的灰色预测 GM(1,1)模型,并预测 2020 年湘西地区各城市的客货运输发出量和吸引量。

**表 2.11　2020 年湘西地区各城市的客运出行量和吸引量预测**

| 城市 | 权重系数 $\mu$ | 初始预测值 $C$ | 客运出行量预测值（万人次） | 客运吸引量预测值（万人次） | 趋势预测 | 置信下限 | 置信上限 |
|---|---|---|---|---|---|---|---|
| 慈利 | 0.36 | 1 017.593 678 | 896.302 609 | 1 010.778 977 | 1 584.656 | 1 398.34 | 1 770.98 |
| 张家界 | 0.65 | 1 471.187 461 | 1 695.120 559 | 1582.833 532 | 2 691.177 | 2 508.53 | 2 873.83 |
| 永顺 | 0.005 | 725.476 744 4 | 590.984 222 7 | 461.506 431 6 | 1 046.979 | 891.25 | 1 202.71 |
| 龙山 | 0.61 | 694.896 388 | 739.851 945 4 | 777.230 014 3 | 1 320.237 | 1 151.67 | 1 488.80 |
| 花垣 | 0.998 | 409.195 658 5 | 728.878 018 7 | 406.455 918 5 | 935.151 5 | 730.51 | 1 139.79 |
| 古丈 | 0.999 8 | 198.766 460 5 | 417.074 183 | 198.355 758 8 | 387.545 5 | 293.23 | 481.86 |
| 吉首 | 1 | 913.293 244 4 | 1 772.131 188 | 1 420.133 177 | 1 727.842 | 1 339.39 | 2 116.29 |
| 凤凰 | 0.25 | 583.521 388 4 | 480.131 702 2 | 559.753 406 5 | 683.438 2 | 356.79 | 1 010.09 |
| 怀化 | 0.54 | 2 368.005 7 | 2 523.974 837 | 2 565.781 596 | 4 729.331 | 3 823.69 | 5 634.98 |
| 沅陵 | 0.001 | 1 274.891 787 | 1 027.774 997 | 665.703 899 3 | 1 850.531 | 1 246.39 | 2 454.67 |
| 溆浦 | 0.1 | 1 308.208 867 | 980.067 079 9 | 1 043.444 338 | 2 028.005 | 1 719.16 | 2 336.85 |
| 新晃 | 0.95 | 174.456 670 5 | 1 105.121 712 | 483.933 637 2 | 439.802 8 | 403.35 | 476.26 |
| 靖州 | 1 | 572.972 519 4 | 961.516 962 6 | 591.501 270 8 | 1 271.365 | 1 188.79 | 1 353.94 |
| 通道 | 1 | 299.175 827 8 | 507.677 151 1 | 302.672 363 1 | 599.211 6 | 511.98 | 686.44 |
| 洞口 | 1 | 1 813.200 108 | 5 780.467 909 | 6 543.328 435 | 5 629.735 | 5 000.22 | 6 259.25 |
| 武冈 | 1 | 1 486.542 886 | 2 071.611 248 | 2 743.910 957 | 3 924.808 | 3 531.37 | 4 318.25 |
| 新宁 | 0.1 | 1 767.689 9 | 1 391.323 273 | 1 518.134 593 | 3 003.933 | 2 501.18 | 3 506.69 |
| 邵阳 | 1 | 2 190.317 464 | 4 341.974 727 | 5 548.388 178 | 6 413.769 | 6 069.58 | 6 757.95 |

**表 2.12　2020 年湘西地区各城市的货运出行量和吸引量预测**

| 城市 | 权重系数 $\mu$ | 初始预测值 $C$ | 客运出行量预测值（万人次） | 客运吸引量预测值（万人次） | 趋势预测 | 置信下限 | 置信上限 |
|---|---|---|---|---|---|---|---|
| 慈利 | 0.3 | 750.854 266 1 | 503.064 103 3 | 729.929 503 1 | 1 252.367 991 | 1 166.25 | 1 338.48 |
| 张家界 | 0.25 | 882.390 781 8 | 615.928 687 6 | 765.872 134 3 | 1 348.521 934 | 1 207.88 | 1 489.17 |
| 永顺 | 0.94 | 98.780 699 3 | 101.569 387 6 | 96.455 883 5 | 3 166.342 348 1 | 144.92 | 187.77 |
| 龙山 | 1 | 277.688 172 7 | 319.369 273 8 | 411.899 357 3 | 655.615 653 7 | 563.10 | 748.13 |
| 花垣 | 0 | 1 697.885 275 | 207.029 484 3 | 96.933 148 02 | 2 334.208 969 | 1 894.21 | 2 774.21 |
| 古丈 | 0.73 | 86.166 583 8 | 110.093 872 9 | 35.580 085 73 | 125.057 431 6 | 108.55 | 141.56 |
| 吉首 | 0.31 | 996.206 850 2 | 916.480 533 6 | 774.581 008 5 | 1 110.835 47 | 526.74 | 1 694.93 |

续表

| 城市 | 权重系数 $\mu$ | 初始预测值 $C$ | 客运出行量预测值（万人次） | 客运吸引量预测值（万人次） | 趋势预测 | 置信下限 | 置信上限 |
|---|---|---|---|---|---|---|---|
| 凤凰 | 0.32 | 118.378 097 1 | 91.115 651 74 | 111.454 077 6 | 232.550 218 1 | 206.35 | 258.75 |
| 怀化 | 0.92 | 765.335 235 | 649.640 850 1 | 737.852 780 1 | 1 533.182 134 | 1 351.60 | 1 714.76 |
| 沅陵 | 0.2 | 427.386 096 8 | 392.449 319 5 | 245.691 638 3 | 647.562 375 2 | 536.78 | 758.34 |
| 溆浦 | 0.3 | 538.109 904 6 | 339.972 682 5 | 501.667 209 1 | 448.587 799 2 | 315.92 | 581.25 |
| 新晃 | 0.82 | 223.848 769 1 | 337.847 678 1 | 106.134 348 4 | 445.710 838 | 418.19 | 473.23 |
| 靖州 | 1 | 247.674 126 1 | 470.003 151 5 | 235.233 122 8 | 532.619 068 6 | 510.38 | 554.86 |
| 通道 | 0 | 134.392 379 7 | 145.920 013 | 64.724 404 21 | 174.733 184 3 | 161.64 | 187.83 |
| 洞口 | 1 | 260.571 777 5 | 459.791 356 5 | 576.910 650 1 | 888.504 376 5 | 803.77 | 973.24 |
| 武冈 | 1 | 567.014 581 6 | 578.444 180 4 | 898.469 038 5 | 1 483.279 405 | 1 350.09 | 1 616.47 |
| 新宁 | 0.44 | 481.465 940 9 | 367.473 001 6 | 505.026 304 7 | 790.418 554 | 708.13 | 872.71 |
| 邵阳 | 0.87 | 1 339.868 964 | 1 146.467 094 | 2 122.316 289 | 3 052.708 716 | 2 884.22 | 3 221.19 |

3. 构建空间需求分布预测模型

将重力模型变换成回归式：

$$\lg t_{ij} - \lg O_i D_j = \lg K - \gamma \lg R_{ij} \tag{2.57}$$

根据调研数据得到的现状 OD 出行矩阵，以及调研当年湘西地区各城市的客运和货运量，通过以上公式得到相关系数 $K$ 和 $\gamma$，最终得到湘西地区区域出行分布预测模型如下：

$$t_{ij} = K \frac{O_i^{\alpha} D_j^{\beta}}{R_{ij}^{\gamma}} \tag{2.58}$$

根据统计，计算货运量预测模型：

$$tg_{ij} = K_i \times K'_j \frac{OG_i^{\alpha} DG_j^{\beta}}{R_{ij}^{\gamma}} \tag{2.59}$$

$$\begin{aligned} tg_{ij} &= K_i \times K'_j \times OG_i \times DG_j \times f(R_{ij}) \\ f(R_{ij}) &= R_{ij}^{-0.3992188} \end{aligned} \tag{2.60}$$

其中：$K_j$ =[0.000 134，0.000 133，0.000 163，0.000 155，0.000 157，0.000 157，0.000 131，0.000 150，0.000 127，0.000 148，0.000 135，0.000 167，0.000 150，0.000 164，0.000 120，0.000 114，0.000 126，0.000 094，0.000 092]；$K_i$ =[1.230 779 952，1.181 066 512，1.369 893 303，1.288 361 627，1.208 150 883，1.253 421 39，1.036 684 152，1.268 001 172，1.097 693 047，1.196 731 526，1.241 113 595，1.257 460 923，1.155 952 247，1.295 538 593，1.174 513 934，

1.139 855 213,1.196 140 323,1.086 948 071,0.737 999 672]。

$$t_{ij} = K_i \times K'_j \times OG_i \times DG_j \times f(R_{ij}) \\ f(R_{ij}) = \exp(-0.203\,428\,2 \times R_{ij}) \tag{2.61}$$

其中：$K_j$ =[0.000 038,0.000 036,0.000 032,0.000 026,0.000 040,0.000 042,0.000 047,0.000 051,0.000 055,0.000 048,0.000 054,0.000 042,0.000 046,0.000 041,0.000 055,0.000 050,0.000 044,0.000 048,0.000 098]；$K_i$ =[0.673 057 283,0.677 214 34,0.636 919 034,0.527 678 676,0.789 033 514,0.815 931 99,0.879 357 847,0.919 567 329,0.999 682 582,0.883 519 472,0.933 254 246,0.795 034 242,0.850 490 165,0.763 169 579,0.914 543 503,0.857 362 986,0.761 518 995,0.798 671 871,1.575 782 502]。

客运量预测模型

$$tc_{ij} = K_i \times K'_j \frac{OC_i^{\alpha} DC_j^{\beta}}{R_{ij}^{\gamma}} \tag{2.62}$$

$$t_{ij} = K_i \times K'_j \times OC_i \times DC_j \times f(R_{ij}) \\ f(R_{ij}) = R_{ij}^{-0.444\,273\,5} \tag{2.63}$$

其中：$K_j$ =[0.000 034,0.000 033,0.000 038,0.000 036,0.000 035,0.000 036,0.000 032,0.000 034,0.000 027,0.000 034,0.000 032,0.000 037,0.000 033,0.000 035,0.000 021,0.000 024,0.000 027,0.000 022,0.000 019]；$K_i$ =[1.873 170 746,1.687 965 863,1.915 318 758,1.914 909 899,1.722 987 333,1.802 320 643,1.568 976 87,1.778 213 417,1.466 995 244,1.729 147 183,1.726 507 966,1.766 587 541,1.690 159 444,1.823 120 126,1.251 601 001,1.457 636 984,1.566 775 852,1.373 850 771,1.005 532 195]。

$$t_{ij} = K_i \times K'_j \times OC_i \times DC_j \times f(R_{ij}) \\ f(R_{ij}) = \exp(-0.238\,170\,4 \times R_{ij}) \tag{2.64}$$

其中：$K_j$ =[0.000 058,0.000 055,0.000 060,0.000 067,0.000 052,0.000 051,0.000 048,0.000 046,0.000 041,0.000 049,0.000 044,0.000 055,0.000 045,0.000 049,0.000 033,0.000 035,0.000 038,0.000 036,0.000 025]；$K_i$ =[2.186 021 752,1.955 162 255,2.054 261 677,2.337 105 682,1.802 434 998,1.781 312 534,1.675 405 941,1.683 787 878,1.550 985 314,1.779 975 568,1.713 830 973,1.946 915 54,1.747 795 181,1.939 257 282,1.441 387 483,1.524 865 589,1.658 881 248,1.629 575 263,0.982 377 451]。

4. 运输需求空间分布预测

通过历年统计数据，可以得到之前各个时期湘西地区各城市吸引和产生的客运和货运量，通过历史数据，可以预测出未来湘西地区各城市吸引和产生的客运和货运量，根据模型可以预测湘西地区2020年区域运输需求的空间分布情况。

## 2.4 本章小结

本章对区域综合运输网络范围进行界定，分析综合运输通道的特点和需求；构建区域综合运输网络模型，定义网络中的标准客货运输量、路段输送能力函数和路段运输成本函数；利用先验分布矩阵和历史统计数据，构建基于重力模型的运输需求空间分布预测方法。

# 第三章　综合运输通道识别研究

## 3.1　综合运输通道的形成机理分析

区域综合运输通道不是自然或偶然形成的，而是与政府规划、运输需求、运输企业等要素息息相关，要分析区域综合运输通道的形成机理，就必须搞清楚影响通道形成的这些要素的作用以及它们之间的关系。同时，区域综合运输通道是一个动态系统，不是一成不变的，而是随着其在运行过程中受到的各要素的变化而发生改变。

### 3.1.1　影响综合运输通道形成的要素分析

从宏观、中观和微观层面剖析区域综合运输通道，影响其形成的要素包括政府、运输需求和运输企业。

1. 政府

(1)政府的特点。

在我国城市之间的各种等级的公路、铁路、航道，城市内部的车站、码头、机场等交通运输枢纽，绝大部分是由政府规划、主导建设的。这些交通基础设施属于准公共产品，投资额巨大，而且收益回报较慢，因此，大部分需依靠政府的力量才能进行建设。

按照发展经济学家罗丹和罗斯托提出的：交通基础设施是一种社会现行资本，必须优先发展，交通等基础设施发展是实现“经济起飞”的一个重要前提条件[73-74]。交通基础设施作为准公共产品，除了为居民出行和货物运输提供服务，其对社会经济的溢出效益也非常明显。交通基础设施建设，将各个城市的经济活动连接起来，降低了居民出行和货物运输的成本。同时，交通基础设施改变了城市的可达性和吸引力，提升了城市的区位优势，使得各种生产要素向其聚集，对城市经济社会发展的贡献非常显著。因此，各级城市政府对于交通基础设施的建设非常积极，各城市政府都希望通过交通基础设施的建设，提升本城市的区位优势，促进其经济社会的发展。

(2)政府对区域综合运输通道的影响。

区域综合运输通道的雏形就是在各级政府对交通基础设施的规划、投资、建设过程中逐步形成的,也就是说,政府为区域综合运输通道的形成打下了硬件基础。同时,政府通过交通基础设施的建设,改变区域节点城市的区位优势,改变路段的通过能力,从而改变区域综合运输通道的走向。

2. 运输需求

区域运输需求包括区域货运需求和区域客运需求,因此,从这两个方面分析运输需求对区域综合运输通道的影响。

(1)区域货运需求特点。

区域货运需求是指在一定区域地理范围内,利用区域内的交通基础设施,以区域内各城市经济发展所涉及范围及其规模作为前提条件,把区域内外的各种货物从生产地区向消费地区进行有效空间位移,不断为区域经济发展服务,从而有利于该区域整体经济实力的提高。

根据以上对区域货运需求的定义,区域货运需求具有以下特点:

首先是地域性特点。出于地理、社会、文化、自然资源等原因,不同的城市群组成的区域,在经济发展上具有自身的地域性特色,因此,其产生的货运需求也具有地域性特点。例如,湖南省湘西地区,其货运需求主要是农产品,而农产品的运输具有较强的时效性和季节性特点。

其次是发展性特点。货运需求是伴随着经济社会变化而变化的。如果区域经济发展、贸易活跃,其货运需求量将会随之增长;如果区域经济衰退、贸易不振,则货运需求也将随之下降。

最后是分布不均的特点。区域内部各城市由于生产力布局的差异、社会经济发展程度不一、自然资源分布不均衡等,同一区域内各个城市的货物运输需求在空间上的分布也有差别。

(2)区域客运需求特点。

区域客运需求是指在一定的区域地理范围内,利用区域内的交通基础设施,由区域内各城市居民根据其生产、生活和消费的需要,向区域内外各城市流动所产生的旅客运输需求。

根据居民出行的目的,一般可分为旅游、商务、就业、读书四类。这四类居民出行具有以下特点:

第一是规律性特点。就业和读书的客运需求具有很强的规律性。每年的2—3月,大量的务工人员从经济发达的城市返回经济相对落后的家乡,再从经济落后的家乡前往经济发达的城市就业。每年的1月、7月,大量的学生从学校所在城市返回自己的家乡,每年的2月、8月,大量的学生从家乡前往学校所在城市读书。

第二是稳定增长性特点。随着区域内部和周边经济社会的发展，城市之间的商务交流持续增加。与此同时，由于居民收入水平的提高，旅游出行的人数也会持续增加。商务和旅游出行结合，形成了区域内部稳定且持续增长的客运需求。

第三是质量要求更高的特点。由于区域内相邻城市之间有着广泛的生产生活联系，因此区域内居民出行时要求综合运输网络顺利快捷。同时，随着区域城市居民收入水平的提高，必然对出行的舒适、安全、快速提出更高的要求。

第四是需求分布不均的特点。区域内部各城市由于经济贸易发展不均衡、教育资源布局的差异、旅游资源分布不一，所以同一区域内，各个城市吸引的客运需求在空间、时间上的分布也是有差别的。

(3)运输需求对区域综合运输通道的影响。

首先，货运需求和商务、旅游的客运需求构成了区域综合运输通道的流量基础；其次，由于货运和客运需求在空间上的分布不均，从而形成了区域综合运输通道不同的走向；再次，由于客运和货运需求在时间上的分布不均，因而构成区域综合运输通道的路段和节点城市在不同时期会出现动态变化；最后，由于运输需求质量的不断提高，区域综合运输通道将向运输条件更好的路段和节点城市转移。

3. 运输企业

区域运输企业主要是客运和货运企业，为区域运输需求提供足够的运力和有效的运输服务。

(1)货运企业的特点。

公路货运企业由于进入和退出的门槛低，所以市场集中度不高，有规模的公路货运企业比较少。公路货运主要以运输价格作为竞争手段，企业的运营成本比较高，利润比较低，因此整体服务质量一般。

铁路货运企业由于长期实行计划经济体制，基本由中国铁路公司垄断，经营模式单一、体制结构僵化，对市场的灵敏度和反应性较差，目前主要的运力是用来保证大宗物资的运输。铁路货运价格几乎没有弹性，企业的运营成本和价格之间关系不大。由于铁路运输方式具有的优势，因而整体的服务质量比公路运输要高。目前，铁路货运价格比公路货运价格高。

内河货运企业主体过于分散，市场集中度不高。企业规模普遍弱小，缺乏竞争力，企业融资困难，导致船舶更新慢，运输效率低。由于水运价格较低，因此服务质量难以提高。

目前，我国的航空货运还处于起步阶段，主要由各大客运航空公司的剩余运力提供服务，专门的货运飞机比较少，主要从事企业间、国际物流间的航空货运，运输价格比较高，货物运输流程比较复杂，不能实现门到门运输，因此，城市与城市之间的航空货运需求比较少。随着我国航空业、电子商务和快递业的发展，未来由快递企业作为承运人，将航空货运、公路货运以及城市配送整合在一起的一票制货运服务将迅速发展。目前，顺丰速运正在湖北鄂州建设自由的航空基地，并购置了大量专用货运飞机。

(2)客运企业的特点。

公路客运企业是我国旅客运输的主要提供商，在我国高速铁路网络还未构建之前承担了我国60%～70%的旅客运输量。目前，公路客运企业主要分为两类：一类是由国有以及国有改制的提供客运车辆和站场服务的传统公路客运企业，如苏汽集团；一类是随着手机互联网发展起来的以信息平台为基础的互联网公路客运企业，如滴滴快车。传统公路客运企业主要通过申请线路牌，提供城市与城市之间25座以上客运车辆的固定线路运输服务。由于线路属于垄断经营，政府对运输价格严格控制，在没有高铁和移动互联网的时期，传统公路客运企业处于卖方市场，运输能力小于或等于客运需求；随着个人小汽车的普及，传统公路客运企业的运输能力基本可以满足客运需求；受高铁和互联网公路客运企业的冲击，传统公路客运企业的运输资源投入逐步减少，运输能力大于或等于客运需求。

铁路客运企业是我国的铁路总公司，属于垄断经营。前期由于铁路装备网络还不完善，因此铁路客运企业的运输能力有限，运输供给小于运输需求；随着铁路装备技术的发展，特别是高速铁路网络的完善，铁路客运企业的运输能力得到了较大的提升，但随着部分公路客运需求向铁路客运需求转移，目前铁路客运能力小于或等于客运需求。

我国的内河客运量非常小，主要集中在摆渡运输和旅游客运方面，因此在本研究中暂时不予考虑。航空客运由于运输价格较高，客运需求量与客运能力基本平衡。

(3)运输企业对区域综合运输通道的影响。

铁路运输企业和航空运输企业属于垄断企业，企业对于运输需求市场的反应较慢，随着区域运输需求的增加，铁路运输企业和航空运输企业对于运输资源的投入不足，铁路运输能力和航空运输能力部分限制了区域综合运输通道的运输能力。公路货运企业和水路货运企业随市场需求变化而变化，运输能力可以随时调整，因此其主要影响区域综合运输通道的运输成本。公路客运企业对区域综合运输通道的影响主要分为两个阶段：前期，个人小汽车和高速铁路还未发展，公路客运企业的运输能力部分限制了区域综合运输通道的客运能力；后期，随着个人小汽车和高速铁路的发展，公路客运企业随着市场的变化降低了企业资源的投入，从而降低了企业对区域综合运输通道的影响。

### 3.1.2 综合运输通道演化分析

由于社会经济发展阶段不同，政府、运输需求、运输企业对区域综合运输通道产生了不同的影响，因此区域综合运输通道形成过程中呈现出阶段性。

1. 形成初期

区域综合运输通道形成初期，由于经济社会发展还处在起步阶段，政府可以投入交通基础设施建设的资源有限。此时，城市规模较小，经济发展还处于自给自足状态，运输需求较少，因此，运输企业的发展较慢，运输规模和运输能力较小。此时的综合运输通道不需要识别，凡是城市与城市之间有交通基础设施连接的均可称之为综合运输通道。

**图 3.1　综合运输通道形成初期示意图**

2. 形成中期

区域综合运输通道形成中期，由于经济社会有了较大的发展，城市规模逐步扩大，其对外的吸引力增强。政府的财政收入有了大幅提升，投入交通基础设施建设的资源越来越多。我国政府将交通基础设施建设资源主要投入在公路交通系统的建设上，区域内城市之间均有高等级公路进行连接。此时，城市中各类型企业发展迅速，城市居民收入有所增加，因此，货运需求和客运需求都有了大幅提升。为满足运输需求增长的需要，运输企业特别是公路运输企业发展迅速，运输规模和运输能力得到了极大的提升。在此阶段，区域综合运输通道具有以下特点：首先，通道的形成主要与区域内各城市的经济发展水平相关，区域中心城市对运输需求的吸引最大，因此区域综合运输通道的走向与区域中心城市保持一致。其次，通道内所采用的运输方式单一，基本以公路运输方式为主，此时的运输市场供应小于需求，因此运输需求客户可选择的机会很少，运输价格几乎没有弹性。由于公路运输处于垄断地位，没有竞争，从而导致公路运输企业对于运输服务的质量提升缺乏动力，因此，这一阶段运输通道的服务体验较差。最后，该阶段区域综合运输通道所连接的部分城市，经济发展水平较高，在资金、技术和配套措施上具有优势，由于区域综合运输通道的形成，导致城市的区位优势进一步提升，促使周边欠发达和次发达城市的人口、技术和市场向发达城市聚集，对区域内欠发达和次发达城市的经济发展产生负面影响。区域综合运输通道的形成，导致运输企业和运输资源在此聚集，造成通道内的运输基础设施负荷较大，而通道外运输基础设施由于运输企业和运输资源投入较少，导致其利用率低，造成政府运输基础设施投资的浪费。

图 3.2　综合运输通道形成中期示意图

3. 形成后期

区域综合运输通道形成后期，由于区域经济社会已经得到了充分的发展，区域内各个城市的经济和发展规模都有了很大的提升。政府在财政收入充足的条件下，对交通基础设施建设资源的投入已经不仅仅局限在公路交通基础设施上，在铁路、航空和水路基础设施的建设投入上都有了大幅的提升，区域内大部分城市之间至少有两种以上的交通基础设施进行连接。由于社会化大生产的发展，区域内各城市形成了适合自己的产业布局，生产资料和生产要素按照供应链的各个环节在区域各城市之间流动，形成了大量的运输需求；城市居民收入增加，出行的需求也随之增长，伴随着汽车社会的到来，小汽车出行的需求也越来越多；由于城市之间运输方式的增加，运输需求可以根据自身的需要选择适合的运输方式，各种运输方式的运输企业在这个阶段都有所发展；运输企业为了获得更多的运输需求，运输服务质量得到大幅的提升。

在此阶段，区域综合运输通道具有以下特点：

第一，通道的形成不仅与区域内城市的经济发展水平有关，也与区域内各城市产业布局有关，还与各城市的输送能力，以及该城市与其他城市之间的运输网络输送能力有关，因此这一阶段运输通道的走向不一定与区域中心城市保持一致。

第二，每条运输通道内至少有两种以上的运输方式，运输市场逐渐从供应小于需求向供应大于需求转变，因此，运输需求客户可以选择不同的运输方式，运输价格逐渐恢复弹性，同时，运输服务质量对于运输企业的影响越来越大，运输需求客户对运输服务体验的要求越来越高，运输服务质量有了很大的提升。

第三，该阶段区域中心城市经济社会发展到相当的规模，其发展的空间受到极大的限制，区域综合运输通道成为经济落后城市吸引经济发达城市要素流动与产业梯度转移的主要条件，运输通道沿线城市因此受益，通道内各种交通基础设施得到充分利用，整个综合运输网络的利用率也得到提高。

区域综合运输通道形成的中期和后期，通道的走向、通道的长度、通道的数量直接影响整个区域综合运输网络利用效益，因此识别区域综合运输通道，通过调整通道上交通基础设施和运输企业的资源配置，改变通道的走向、长度和数量，提高整个区域综合运输网络的利用效益,成为下面研究的重点内容。

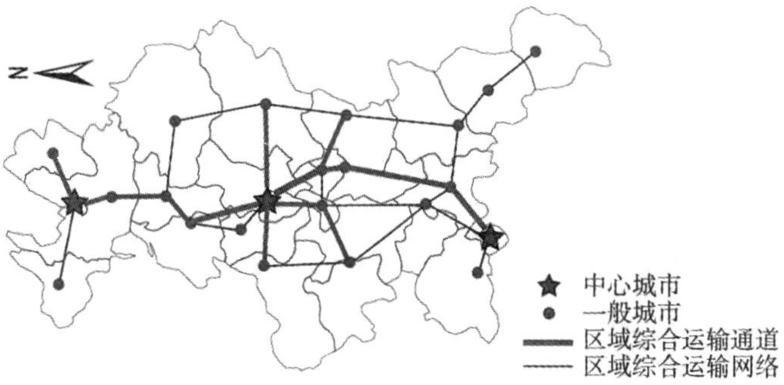


图 3.3　综合运输通道形成后期示意图

## 3.2　非均衡运输通道识别方法研究

### 3.2.1　基于最短路的综合运输通道识别方法

最短路法又称为全有全无(0—1 分配),即在区域综合运输网络中的某路段或节点城市中,在某一段时间,运输需求客户要么全部选择该路段或中转节点城市,要么全部不选择该路段或中转节点城市。

其选择原理是:综合运输网络中每一组 OD 运输需求都具有共同的选择,其选择的依据是从出发点到目的地线路上的路段和中转节点城市所花费的运输时间最短或者运输费用最低。

1. 基于最短路的综合运输通道识别的步骤

(1)计算区域综合运输网络中每个出发城市 O 到目的地城市 D 的交通基础设施、运输企业资源投入和运输时间综合最优的运输路线。

(2)将某一段时间区域综合运输网络中某一组 OD 运输需求全部选择到对应交通基础设施、运输企业资源投入和运输时间综合最优的运输路线上。

(3)每选择完一组 OD 运输需求后进行运输量迭加,直到区域综合运输网络中所有 OD 运输需求选择完毕。

(4)找出运输量高于平均水平的路段和节点城市,构成从一条或多条某城市到另一城市的运输路线,且该路线上的运输量高于整个运输网络运输量的平均水平,此运输路线称为该区域综合运输网络的运输通道。

2. 基于最短路的 OD 运输需求选择流程图

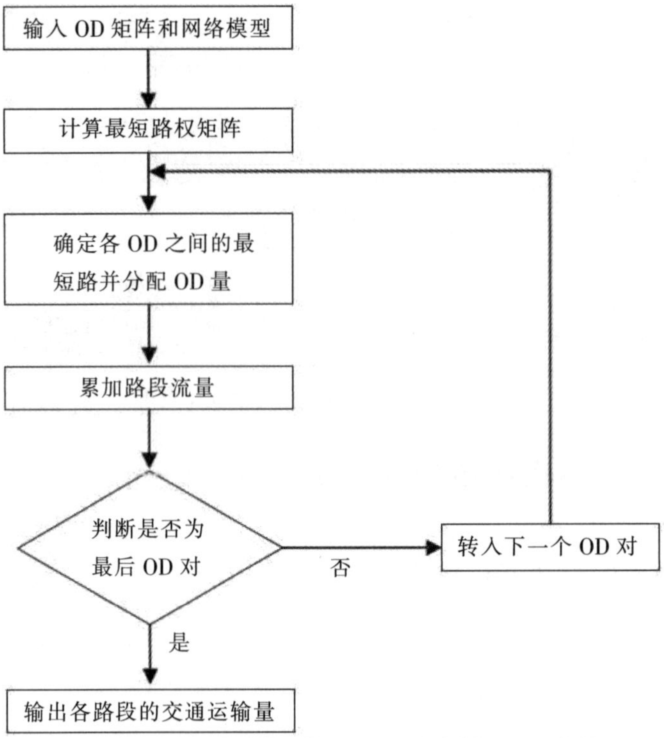


图 3.4 最短路的 OD 运输需求选择流程图

3. 该方法的特点和适用性

基于最短路的综合运输通道识别方法具有以下特点：首先，运输需求分布不均匀，全部集中在最短路上；其次，未考虑路段和节点城市输送能力上的限制；最后，未考虑随着运输量的增加，路段和节点运输时间的改变。在区域综合运输通道形成初期，区域中各个城市之间的发展差距比较大，运输需求分布不均匀，运输方式比较单一，因此，运输需求都会集中在消耗时间最短或成本最低的通道上。此时，由于经济社会发展还处在起步阶段，因此运输需求量不大，很难出现运输需求量超过通道上路段和运输企业投入运输资源的输送能力，路段和节点城市很少出现拥堵现象，因此，运输量的变化对通道运输时间和运输成本的影响较小。综合以上的分析，在区域综合运输通道形成初期，采用基于最短路的通道识别方法是比较适宜的。

### 3.2.2 基于容量限制配流的综合运输通道识别方法

容量限制配流法是在最短路法的基础上发展起来的，既考虑了交通基础设施的运输负荷与运输时间之间的关系，即随着路段和中转节点城市上运输量的增大，运输时间也会增大；同时也考虑到了运输企业的车辆类型、车辆数和站场的容量，目前暂时用客货运企业的数量进行估算。其原理是在最短路法的基础上加入了路段和节点城市运输负荷与运输时间以及运输企业运输能力与运输成本之间关系的容量限制模型。

1. 基于容量限制配流的综合运输通道识别的步骤

(1) 将一个较长时间段综合运输网络中各个城市之间的 OD 运输需求分成若干个各城市之间小的 OD 运输需求。

(2)分若干次用最短路法将小的 OD 运输需求分配到各路段和节点城市上。

(3)每分配完一个小的 OD 运输需求,判断之前分配和本次的运输需求之和是否大于分配路段运输企业的输送能力,大于则该路段的运输成本将成倍增加。

(4)采用路段通行时间模型,根据之前的经验,对综合运输网各路段的通行时间进行重新计算。

(5) 进行下一个小的 OD 运输需求的分配,直到所有小的 OD 运输需求都分配完为止。

2. 基于容量限制配流的 OD 运输需求分配流程图

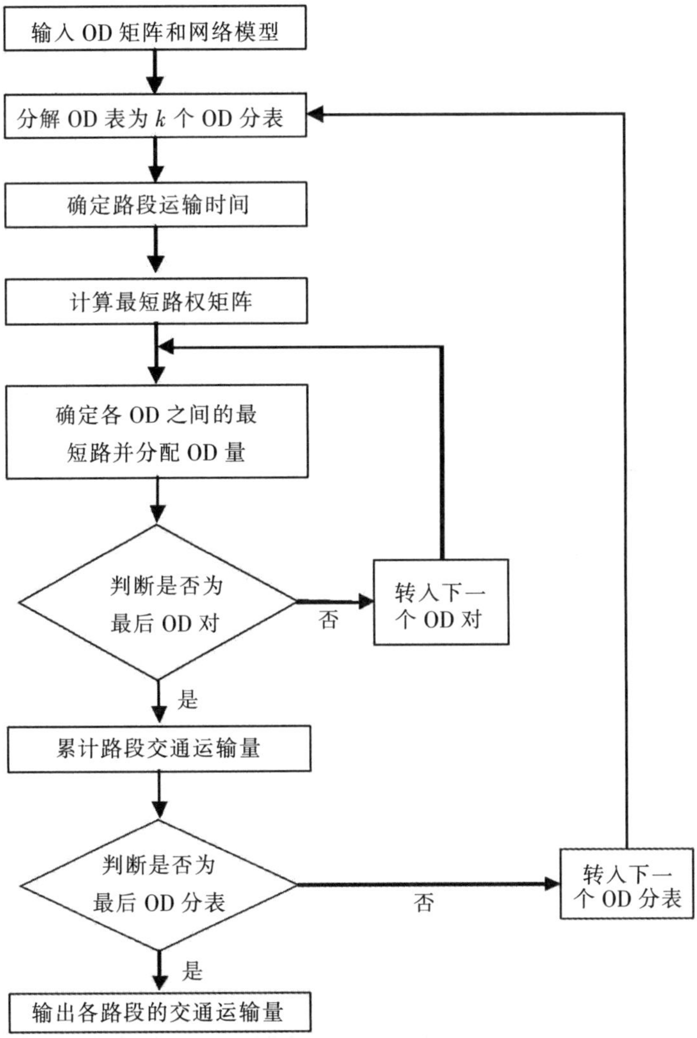


图 3.5 容量限制配流的 OD 运输需求分配流程图

3. 该方法的特点和适用性

基于容量限制配流的综合运输通道识别方法具有以下特点：首先，运输需求分布不均匀，但各路段经过多次迭代之后运输需求趋向均衡分配；其次，考虑路段各运输方式的运输企业输送能力的限制；最后，考虑随着路段运输需求量的增加，路段运输时间的改变。在区域综合运输通道形成中期，区域中各个城市之间社会经济的发展仍有一定的差距，运输需求主要集中在经济较发达的城市，城市间的运输方式以公路运输为主，可供客户选择的运输路径不多，在此阶段的客户主要考虑的运输时间。此时，由于经济社会取得较大的发展，运输需求量不断增加，运输方式单一，在运输需求集中的路段将出现运输需求量超过运输企业的输送能力的现象，路段将出现拥堵，运输成本将增加，因此，运输需求量的变化对多通道运输时间和运输成本的影响显著。综合以上分析，在区域综合运输通道形成中期，采用基于容量限制配流的通道识别方法是比较适宜的。

### 3.2.3　基于模拟生物算法的综合运输通道识别方法

模拟生物算法主要是利用蚁群算法具有分布优化和潜在并行性的特点，能较好地模拟大批量不同目的地运输需求客户在区域的不同位置寻找最优路径这样的集体智能行为；同时，通过信息素水平的更新，模拟运输过程中运输客户对识别运输路径定量影响要素的感知，并通过概率型的全局搜索方式模拟运输客户对运输路段和节点城市的选择。

1. 基于模拟生物算法的综合运输通道识别的步骤

(1)设置迭代循环次数为 $M$，将一个较长时间段综合运输网络中各个城市之间的 OD 运输需求矩阵随机分成 $N$ 个子矩阵，其中 $N$ 小于等于 OD 运输需求矩阵中各元素的最大值。设综合运输网络中各路段通行时间、运输距离、运输成本和运输吸引程度(中转成本)的初始值，并将其作为综合运输网络的初始信息素水平。

(2)每个子矩阵上的运输需求，在选择下一个路段的时候，根据路段通行时间、运输距离、运输成本和运输吸引程度所构成的信息素水平，按照某一概率分布随机选择，同时运输需求必须保证之前分配的和本次的运输需求之和小于该路段各类运输方式的运输企业输送能力。

(3)每个子矩阵上的运输需求完成了各自的运输路径，便需要对全局的信息素水平进行更新。

(4)根据上一步生成的信息素水平，开始下一个子矩阵上的运输需求的选择操作，直至循环次数等于 $N$ 为止。

(5)根据第(4)步所得到的信息素水平，设置下一次循环时初始的信息素水平，重复之前四步直至循环次数等于 $M$ 时止。

2. 该方法的特点和适用性

基于模拟生物算法的综合运输通道识别方法具有以下特点：首先，整个综合运输网络中各节点城市的运输需求可以保持基本均衡分布，但是每个子矩阵的运输需求分布不均；其次，充分考虑运输成本、运输时间、运输距离和运输吸引程度等对运输需求选择的影响；最后，在运输需求客户选择运输路径时，采取按照某一概率分布的随机选择。在区域综合运输通道形成后期，区域中各个城市之间社会经济发展的差距进一步缩小，特别是以前较落后的城市运输需求增长迅速，使得各城市之间的运输需求趋于均衡分布。此时，城市间的运输方式越来越多，可供客户选择的运输方式和运输路径越来越多，在此阶段的客户选择运输路径时不但要考虑运输时间，还要考虑运输成本、运输中转成本、运输距离等因素。由于运输需求客户考虑因素增加，其选择时所侧重的因素也不相同，因此在选择运输路径时不可能按照全有全无的方式，同一批客户选择的路径不会一致。综合以上分析，在区域综合运输通道形成后期，采用基于模拟生物算法的通道识别方法是比较适宜的。

## 3.3　综合运输通道定量识别

通道定量识别主要是分析区域内各节点城市之间路段的运输量。运输量包括客运量和货运量，路段由城市间的交通运输基础设施组成，包括公路、铁路和水路。此时，区域中节点城市间运输路段运输量集中的路段，成为可能构成区域综合运输通道的路段。因此，区域综合运输通道的定量识别问题，可以看成区域节点城市路段的运输量分配问题。下面，根据两类模型对区域综合运输通道识别方法进行研究。

### 3.3.1　基于均衡模型的综合运输通道识别方法

均衡模型是目前发展最成熟的交通分配模型，能够较真实地再现交通需求在网络上的状态。Wardrop 第一、第二原理的均衡综合运输通道识别方法，能够保证计算结果的收敛，在运输路段的确定方面有较大改善。

1. 用户优化均衡

用户优化均衡的基本假设是：综合运输网络中的运输需求都力图选择运输成本最低的路径，都能随时掌握整个运输网络的状态，即能精确计算每条路径的运输成本，从而做出完全正确的路径选择决策，最终实现运输需求能单方面改变其运输路径并能降低运输成本。

$$\min z(x) = \sum \int_0^{x_a} c_a(\omega)\mathrm{d}\omega \tag{3.1}$$

$$\sum_k f_k^{od} = q_{od}, \forall (o,d) \in W$$

$$f_k^{od} \geqslant 0, \forall (o,d) \in W, k \in R_{rs}$$

$$\text{s.t. } x_a = \sum_o \sum_d \sum_k f_k^{od} \delta_{ak}^{od}, \forall a \in A$$

$$x_a \leqslant M_a$$

式中：$z$ 表示整个综合运输网络各路段的运输成本之和；$c_a$ 表示综合运输网络中路段 $a$ 的运输成本；$a$ 表示综合运输网络中某一路段；$f_k^{od}$ 表示起点为 $o$ 终点为 $d$ 的运输需求可以选择的第 $k$ 条路径运输量；$q_{od}$ 表示起点为 $o$ 终点为 $d$ 的运输需求量；$x_a$ 表示路段 $a$ 的运输量；$\delta_{ak}^{od}(0/1)$ 表示起点为 $o$ 终点为 $d$ 的运输需求在 $k$ 路径上所经过路段等于 1，其余等于 0；$A$ 表示综合运输网络中所有的路段组成的集合；$M_a$ 表示路段 $a$ 上的最大输送能力。

(1)基于用户优化均衡的综合运输通道识别的步骤：

①初始化。假设各路段运输量为 0 时，确定各路段的运输成本，根据各城市的运输需求实施一次 0－1 运输量分配，得到综合运输网络中各路段的初始运输量 $\{x_a^n\}$，令 $n=1$。

②更新阻抗。根据上次分配到各路段的运输量，重新计算各路段的运输成本。

$$c_a^n = c_a(x_a^n) \tag{3.2}$$

③找方向。根据更新后的运输成本，将各城市的运输需求重新做一次 0－1 运输量分配，得到综合运输网络中各路段的辅助运输量 $\{y_a^n\}$。

④确定步长。根据以下公式求出综合运输网络中各路段运输量变化的步长 $\lambda^n$。

$$\sum_a (y_a^n - x_a^n) \times c_a \times [x_a^n + \lambda^n(y_a^n - x_a^n)] = 0 \tag{3.3}$$

⑤计算变化后的运输量：

$$x_a^{n+1} = x_a^n + \lambda^n(y_a^n - x_a^n) \tag{3.4}$$

⑥收敛检验。如果 $\{x_a^{n+1}\}$ 满足规定的收敛准则，即两次迭代的运输量相等或者非常接近时，表示整个综合运输网络已达到用户均衡状态，否则令 $n=n+1$，返回第一步。

(2)该方法的特点和适用性。

基于用户优化均衡的综合运输通道识别方法具有以下特点：首先，运输需求客户都力图选择运输成本最低的路径；其次，运输需求客户能随时掌握整个网络的状态，即能精确计算每条运输路径的运输成本，进而做出完全正确的路径选择判断；最后，运输需求客户对于路径运输成本的计算能力和计算水平是相同的。

从以上特点可以看出，该方法要求运输需求客户对整个运输网络非常了解，能够清楚掌握各路段的运输成本，基本不考虑超路段输送能力对运输成本的影响。在区域综合运输通道形成初期，路网结构比较简单，用户能够很容易地了解整个运输网络。在该阶段区域综合运输网络上的运输量比较小，因此用户不必考虑供应小于需求对于运输成本的影响。综合以上的分析，在区域综合运输通道形成初期，采用基于用户优化均衡的通道识别方法是比较适宜的。

2. 系统优化均衡

系统优化均衡的基本假设是：考虑区域综合运输网络中路段运输量和运输企业输送能力的限制对运输成本的影响，区域综合运输网络中的运输需求客户将按照某种方式分配，从而使得区域综合运输网络中运输需求量的总运输成本最低。

$$\min z'(x) = \sum_a x_a c_a(x_a) \tag{3.5}$$

$$\sum_k f_k^{od} = q_{od}, \forall (o,d) \in W$$

$$\text{s.t.}\ f_k^{od} \geqslant 0, \forall (o,d) \in W, k \in R_{rs}$$

$$x_a = \sum_o \sum_d \sum_k f_k^{od} \delta_{ak}^{od}, \forall a \in A$$

该方法要求综合运输网络中所有的运输需求客户在选择运输路径的时候，不仅要考虑自身运输成本，还要考虑自身选择对其他运输需求客户的影响，因此需要在统一指挥下进行协调，从而保证整个综合运输网络系统的总运输成本最低。

(1)将系统优化均衡的通道识别转换成用户优化均衡的通道识别步骤：

①假设两通道识别模型的目标函数相等。

$$\min z'(x) = \min z(x)$$

$$\sum_a x_a c_a(x_a) = \sum \int_0^{x_a} \tilde{c}_a(\omega)\mathrm{d}\omega \tag{3.6}$$

②对上式两边路段运输量 $x_a$ 求导，得

$$\tilde{c}_a(x_a) = c_a(x_a) + x_a \frac{\mathrm{d}c_a(x_a)}{\mathrm{d}x_a} \tag{3.7}$$

③转换成用户优化均衡的通道识别模型：

$$\min z'(x) = \sum \int_0^{x_a} \tilde{c}_a(\omega)\mathrm{d}\omega \tag{3.8}$$

(2)该方法的适用性。

从以上的描述可以看出，基于系统优化均衡的综合运输通道识别方法，要求运输需求客户考虑路段运输量对运输路径的选择，以及将会对其他运输需求客户造成的影响，并做出使整个综合运输网络总运输成本最低的选择。可以看出，该方法要求所有运输需求客户都相互协作，为系统总运输成本最低而努力，但在现实中很难实现。在区域综合运输通道形成中期，运输网络中的运输需求量越来越大，同时运输需求客户可选择的运输路径有限，因此，运输路段会出现供应小于需求的情况。综合以上的分析，基于系统优化均衡的通道识别方法，比较适宜在区域综合运输通道形成中期，为运输通道规划管理者提供决策方案，用于改善运输通道和整个综合运输网络效率。

3. 随机用户分配

随机用户分配的基本假设是：综合运输网络中的运输需求客户对当前运输网络的信息掌握不完全，每个客户对不同运输路径的运输成本存在不同的估计，相同起点和终点的运输需求客户对于同一条运输路径的运输成本也存在不同的估计，但所有运输需求客户总是选择自己估计运输成本最低的运输路径。

随机用户分配认为每一个运输需求客户在起点和终点之间的每一条路径都有自己的

估计运输成本,客户估计的运输成本和实际运输成本之间存在着随机误差,该误差项相互独立且服从相同的 Gumel 分布。

$$\begin{aligned} C_k^{od} &= c_k^{od} + \varepsilon_k^{od} \\ E(\varepsilon_k^{od}) &= 0 \\ E(C_k^{od}) &= c_k^{od} \end{aligned} \tag{3.9}$$

式中:$C_k^{od}$ 表示 $o-d$ 运输需求之间第 $k$ 条运输路径上路段的估计运输成本;$c_k^{od}$ 表示 $o-d$ 运输需求之间第 $k$ 条运输路径上路段的运输成本;$\varepsilon_k^{od}$ 表示 $o-d$ 运输需求之间第 $k$ 条运输路径上估计运输成本与实际运输成本的随机误差项。

$$P_k^{od} = \frac{\exp[-\theta c_k^{od}/\bar{c}^{od}]}{\sum_{q=1}^{m}\exp[-\theta c_q^{od}/\bar{c}^{od}]} \tag{3.10}$$

式中:$P_k^{od}$ 表示 $o-d$ 运输需求之间第 $k$ 条运输路径被选择的概率;$\bar{c}^{od}$ 表示 $o-d$ 运输需求之间所有运输路径上路段运输成本的均值;$m$ 表示 $o-d$ 运输需求之间所有运输路径的总数;$\theta$ 表示配流参数。

(1)基于随机用户分配的综合运输通道识别的步骤:

①将一个较长时间段内综合运输网络中各个城市之间的 OD 运输需求分成 $N$ 个各城市之间小的 OD 运输需求矩阵。

②令 $n=1$,输入小的 OD 运输需求矩阵,计算所有 OD 运输需求在综合运输网络中每一条路径的运输成本。

③从综合运输网络中其中一个 $o-d$ 运输需求的起点城市开始,计算该从该节点城市到其他节点城市所经过路段的最短运输时间 $c_{oi}$,计算每一个节点城市至终点 $d$ 所经过路段的最低运输成本 $c_{id}$。对 $o-d$ 运输需求可能经过的由路段所构成的边,计算边的似然值 $L_{ij}$。

$$L_{ij} = \begin{cases} \exp[\theta(c_{oi} - c_{oj} - c_{ij})], & \text{if} \quad c_{oi} < c_{oj} \,\&\, c_{id} > c_{jd} \\ 0, & \text{otherwise} \end{cases} \tag{3.11}$$

④从起点城市 $o$ 开始,按照 $c_{oi}$ 升序顺序依次选择节点城市,对每个节点城市计算从该节点城市出发的所有边的权重 $W_{ij}(j \in O_i)$,直到 $j$ 等于 $d$ 为止。

$$W_{ij} = \begin{cases} L_{ij}, & \text{if} \quad i = o \\ L_{ij}\sum_{m\in D_i} W_{mi}, & \text{otherwise} \end{cases} \tag{3.12}$$

式中:$D_i$ 表示所有以 $i$ 为终点的边的上游节点城市的集合,$O_i$ 表示所有以 $i$ 为起点的边的下游节点城市的集合。

⑤从终点城市 $d$ 开始,按照 $c_{id}$ 升序顺序依次选择节点城市,对每个节点城市,计算达到该节点城市的所有边的运输量 $x_{ij}(i \in D_j)$,直到 $j$ 等于 $o$ 为止。

$$x_{ij} = \begin{cases} \dfrac{W_{ij}}{\sum\limits_{m \in D_j} W_{mj}} q_{od}, & \text{if} \quad i = o \\ \dfrac{W_{ij}}{\sum\limits_{m \in D_j} W_{mj}} \sum_{m \in O_j} x_{jm}, & \text{otherwise} \end{cases} \tag{3.13}$$

⑥返回第 3 步，直到小的 OD 运输需求矩阵中所有的 $o-d$ 运输需求量都已经分配完毕，此时 $n=n+1$，并返回第 2 步，直至 $n=N$；累计路段分配的运输量，最终得到构成运输通道的路段。

(2)该方法的适用性。

从以上的描述可以看出，基于随机用户分配的综合运输通道识别方法，认为综合运输网络是复杂的，路段的运输量是多变的，同时，运输需求客户主观判断也是多样的，相同起点和终点的运输需求客户所感知的最低运输成本路径是不同和随机的。该方法通过估计运输成本和实际运输成本之间的随机误差项，有效模拟了运输需求客户选择运输路径的过程。在区域综合运输通道形成后期，区域交通基础设施越来越完善，区域综合运输网络越来越复杂，运输需求客户可选择的运输方式和运输路径也越来越多；同时，由于综合运输网络的复杂性，信息反馈的滞后性，以及获取网络状况的渠道不同，从而导致运输需求客户选择运输路径存在随机性。综合以上的分析，在区域综合运输通道形成后期，采用基于随机用户分配的通道识别方法是比较适宜的。

### 3.3.2　基于蚁群算法的综合运输通道识别方法

由于均衡模型的变量和约束条件较多，可能导致模拟的综合运输网络运输量分配结果与实际运输量分配存在较大差距。针对这个问题，本书引入蚁群算法对综合运输网络的运输需求进行模拟。蚁群算法具有分布优化和潜在并行性的特点，能较好地模拟大批量不同目的地运输者在区域的不同位置寻找最优路径这样的集体智能行为；同时，通过信息素水平的更新，模拟运输过程中运输者对识别运输通道定量影响要素的感知，并通过概率型的全局搜索方式模拟运输者对运输路径的选择。通过该方法能全面准确地识别城市群运输通道，并模拟系统各要素变化对运输通道的影响。

构建基于运输成本最低的目标函数：

$$\begin{aligned} \min C &= \sum_{i=1}^{n} \sum_{j=1}^{n} Q_{ij} \times C_{ij}(Q_{ij}) \\ \text{s.t. } Q_{ij} &\leqslant MD_{ij} \end{aligned} \tag{3.14}$$

其中：$n$ 表示综合运输网络中节点城市；$Q_{ij}$ 表示节点 $i$ 到节点 $j$ 的路段客货运输量，以标准客运量为单位；$C_{ij}(Q_{ij})$ 表示节点 $i$ 到节点 $j$ 的路段运输成本函数；$MD_{ij}$ 表示以客运量为单位的路段设计输送能力。

1. 初始化

通过标准客货运输量将货运 OD 需求矩阵 $\boldsymbol{TG}$ 转化为以客运量为单位的 OD 需求矩阵 $\boldsymbol{TG}'$，并将客货运输 OD 需求矩阵合并，得到客货运输 OD 需求矩阵 $\boldsymbol{T}$。

$$tg'_{ij} = \frac{tg_{ij}}{CST} \times CSC \tag{3.15}$$

$$\boldsymbol{TG} = \begin{bmatrix} tg_{11} & \cdots & tg_{1n} \\ \cdots & \cdots & \cdots \\ tg_{n1} & \cdots & tg_{nn} \end{bmatrix} \Rightarrow \boldsymbol{TG}' = \begin{bmatrix} tg'_{11} & \cdots & tg'_{1n} \\ \cdots & \cdots & \cdots \\ tg'_{1n} & \cdots & tg'_{nn} \end{bmatrix} \tag{3.16}$$

$$\boldsymbol{T} = \boldsymbol{TC} + \boldsymbol{TG}' = \begin{bmatrix} tc_{11} & \cdots & tc_{1n} \\ \cdots & \cdots & \cdots \\ tc_{n1} & \cdots & tc_{nn} \end{bmatrix} + \begin{bmatrix} tg'_{11} & \cdots & tg'_{1n} \\ \cdots & \cdots & \cdots \\ tg'_{1n} & \cdots & tg'_{nn} \end{bmatrix} = \begin{bmatrix} tc_{11}+tg'_{11} & \cdots & tc_{1n}+tg'_{1n} \\ \cdots & \cdots & \cdots \\ tc_{1n}+tg'_{1n} & \cdots & tc_{nn}+tg'_{nn} \end{bmatrix} \tag{3.17}$$

$a$ 表示循环迭代的次数，设初始循环次数为 $a=0$，最大循环次数为 $N$。节点城市间的初始信息素水平为 $\delta_0$ 。

2. 选择

运输需求在节点选择下一步运输路线是按照某一概率分布的随机选择。节点 $i$ 与周边未访问的 $J(i)$ 个节点相连接，则运输需求在节点 $i$ 选择节点 $r$ 的概率可以表示为：

$$U_{ir} = \frac{\theta_{ir}^{dis}\,(x_{ir})^{\alpha} + \theta_{ir}^{time}\,(x_{ir})^{\beta} + \theta_{ir}^{pri}\,(x_{ir})^{\gamma}}{\sum_{j=1}^{J(i)}(\theta_{ij}^{dis}\,(x_{ij})^{\alpha} + \theta_{ij}^{time}\,(x_{ij})^{\beta} + \theta_{ij}^{pri}\,(x_{ij})^{\gamma})} \quad (r \in J(i)) \tag{3.18}$$

其中：$\theta_{ij}^{dis}$ 、$\theta_{ij}^{time}$ 、$\theta_{ij}^{pri}$ 分别表示节点 $i$ 到节点 $j$ 之间运输距离、运输时间和运输成本的信息素水平，$\alpha$、$\beta$、$\gamma$ 分别为信息素水平对运输距离、运输时间和运输成本的相对重要程度的参数。

在每一个节点做选择的同时，还必须满足运输需求量守恒的原则：

$$\sum_{z(i)} \boldsymbol{Q}_{ri} = \sum_{z(i)} \boldsymbol{Q}_{ir} + \boldsymbol{Q}_i \tag{3.19}$$

其中：$Q_{ir}$ 表示从节点 $i$ 出发前往节点 $r$ 的运输量，$Q_i$ 表示目的地是 $i$ 节点的运输量，$z(i)$ 表示与节点 $i$ 相连接的所有节点的集合。

当需求在节点城市 $i$ 选择下一个节点时应满足下式：

$$r = \begin{cases} \arg\max_{b \in J(i)} U_{ib}, q \leqslant q_0 \\ U_{ir}, q > q_0 \end{cases} \tag{3.20}$$

其中：$r$ 表示下一个节点，$q$ 为 0 到 1 之间的一个随机数，$q_0$ 为 0 到 1 之间的常数。

3. 信息素的局部更新

运输需求从节点城市 $i$ 到节点城市 $j$ 并经过路段 $ij$ 时，运输距离、时间、价格和吸引程度的信息素水平更新，根据下式计算：

$$\theta_{ij}^{x} = (1-\rho)\cdot\theta_{ij}^{x} + \rho\cdot\Delta\theta_{ij}^{x}(x = dis, time, pri) \tag{3.21}$$

$$\Delta\theta_{ij}^{dis} = \left(n\times\frac{d_{ij\min}}{d_{ij\max}}\right)^{-1} \tag{3.22}$$

$$\Delta\theta_{ij}^{time} = \left(n\times\frac{t_{ij\min}}{t_{ij\max}}\right)^{-1} \tag{3.23}$$

$$\Delta\theta_{ij}^{pri} = \left(n\times\frac{P_{ij\min}}{P_{ij\max}}\right)^{-1} \tag{3.24}$$

其中：$d_{ij\max}$、$d_{ij\min}$ 表示与节点 $i$ 相连节点中的最长运距和最短运距，$t_{ij\max}$、$t_{ij\min}$ 表示与节点 $i$ 相连节点中的最长运输时间和最短运输时间，$P_{ij\max}$、$P_{ij\min}$ 表示与节点 $i$ 相连节点中的最高单位运输价格和最低单位运输价格，$n$ 指节点的数目，$\rho$ $(0<\rho<1)$是表示信息素衰退的参数。重复以上的步骤，直至全部运输需求完成各自的运输路径为止。

4. 信息素的全局更新

当全部运输需求都完成了各自的运输路径，便需要对全局的信息素水平进行更新。具体更新按照下式计算：

$$\theta_{ij}^{x} = (1-\omega)\cdot\theta_{ij}^{x} + \omega\cdot\Delta\theta_{ij}^{x}(x = dis, time, pri) \tag{3.25}$$

$$\Delta\theta_{ij}^{dis} = \left(\frac{L_{\min}}{L_{\max}}\right)^{-1} \tag{3.26}$$

$$\Delta\theta_{ij}^{time} = \left(\frac{T_{\min}}{T_{\max}}\right)^{-1} \tag{3.27}$$

$$\Delta\theta_{ij}^{pri} = \left(\frac{P_{\min}}{P_{\max}}\right)^{-1} \tag{3.28}$$

将更新的全局信息素水平作为 $a+1$ 次循环的节点城市间初始信息素水平。

5. 循环结束

根据上一步生成的信息素水平，继续选择操作 $a+1$ 次循环的模拟，直至各路段的交通量趋于稳定状态或者循环次数 $a=N$ 为止。

## 3.4　综合运输通道定性识别

综合运输通道与经济发展水平、交通基础设施、产业布局等有密切的联系，因此本书从综合运输网络区域节点城市的经济社会发展水平和城市间交通基础设施水平等方面进行定性分析，以验证和筛选定量识别中所得到的可能构成综合运输通道路段，最终确定区域综合运输通道。

### 3.4.1　通道定性识别指标的分析

区域综合运输通道的定性识别可通过量化统计分析，按照运输聚集效应的原则，找到关键的部分节点城市和运输路段，因此量化统计指标的选取就显得尤为重要。

我们先分析美国对综合运输通道关键基础设施项目识别和政策制定等方面的经验。美国在制定高速公路的主货运通道网络时划定了 8 个通道识别的指标，分别是：货物运输起点和终点，货物运输的运输量和货物价值，公路上货物运输车辆占年平均日交通量的比重，公路上货物运输车辆年平均日交通量，公路货运枢纽和公水联运枢纽，与能源地、开发区、工业区等可达性、人口中心、网络连接性。2013 年，美国联邦公路局通过货物运输起点和终点、货运量和价值、交通流量以及区域经济和人口等因素，划定了 2.7 万英里(1 英里＝1.609 344 千米)公路主货运通道网络。

再分析欧盟在交通运输网络中对核心运输通道识别的方法。欧盟遴选核心运输通道的识别因素主要有：长期合理稳定的运输需求；由重要战略性节点城市(包括主要门户港口和机场)、路段组成的多种运输方式无缝衔接使区域受益；承担主要的长距离和国际性的交通流；连接了区域中的成员(欧盟成员国)；基础设施的利用率较高；通行能力较强，不会出现长期的拥堵，因此极少需要进行通行能力扩充；包括一些补充的基础设施指标等。

根据以上分析，区域综合运输通道应该具备的特征是：具备多种运输方式，基础设施比较完善，节点枢纽服务能力较强，可连接区域内重要节点城市、资源聚集区以及周边枢纽。因此，区域综合运输通道识别指标，在考虑指标简单清晰而且容易获取的原则下，应该包括交通量、基础设施利用率、节点城市人口、GDP 和客货运输量等指标。

### 3.4.2 点轴理论和双核结构

1. 点轴理论

点轴理论是陆大道院士在研究工业区位因素和工业交通布局规律的基础上，根据区位理论及空间结构理论的基本原理提出的。点轴系统的主体部分是由点和轴组成的，是一个相对密集的人口和产业带，由于点轴及其附近地区已经具有较强的经济实力并且还有较大的潜力，因此又可称作“开发轴线”，或“发展轴线”。

点轴中的点是分析区域中的各级中心城市，是分析区域的集聚点，也是带动区域发展的中心城市。一般具有下列特征：一是城市经济发展水平相对较高，在区域内拥有比较优势的产业集群，例如不同类型和不同等级的开发区或产业园区；二是具有某一方面或几方面的突出优势，例如区域行政中心、区域教育中心、区域医疗中心等；三是具备一定的基础设施水平，例如交通枢纽规模等。“点”通过物流、客流、商流、信息流、资金流对周边区域城市进行集聚与扩散。中心城市在区域中起主导作用和核心作用，中心城市是区域经济因素和人口集聚的磁心，也是城市网络的中心极点[98]。

轴是指区域中的线状基础设施，包括公路，铁路，航道，能源、水源供给线等组成的线状基础设施束，以交通干线为主体，是“点”进行集聚与扩散作用的物质基础。

2. 双核结构

双核结构是双核型空间结构的简称，是陆玉麒教授在对皖赣沿江地区进行实证分析的基础上提炼出来的一个空间结构理论模式。该模式的原生形态是指区域中心城市与港口城市的组合，在此基础上拓展至区域中心城市与边缘城市的组合。

双核结构模式的区域中心城市在水运时代具有以下共同特点：首先，区域中心城市往往位于主要支流与干流的交汇处。这类城市由于具有水陆交界、水水中转的双重边缘效应而具有非常突出的区位优势，这本身就构成区域中心城市发展的内在动力。其次，区域中心城市并非位于所在区域的几何中心，而更可能是经济重心或人口重心。再次，干、支流相交处具有水水中转优势，在水运时代这是最重要的城市生长要素。在目前的综合运输时代，铁路、公路、航空、水路构成的区域综合运输通道取代了水运时代的主要支流和干流，因此，区域中心城市必然位于综合运输通道之上，并且是区域的经济或人口重心。

双核结构模式边缘城市形成的原因主要有以下几点：第一是区域中心城市需要寻求对应的边缘城市与区域外城市发生更为有效的联系。第二是边缘城市的发展依赖于区域中心城市的支撑。第三是边缘城市具有相当的人口和经济规模，具备承接中心城市物流、产业等转移的能力。

### 3.4.3 综合运输通道定性识别步骤

1. 分析综合运输通道识别区域内的重要节点城市

先根据点轴理论分析区域内的中心城市。区域内 GDP、人口以及客货运输量在区域内所占比例较高的城市可认为是区域中心城市，成为区域综合运输通道识别备选的重要节点城市。再根据双核结构分析区域内的边缘城市。这些城市处在通道识别区域与外部区域的结合部。节点城市内具有较完善的综合交通枢纽，本研究主要考察节点城市的公路、铁路和航空客运枢纽，以及物流园的数量和设计吞吐量，同时分析边缘节点城市的 GDP、人口以及客货运输量等。

**表 3.1　区域重要节点城市识别条件**

| 重要节点城市 | 判定条件 |
|---|---|
| 区域中心城市 | 区域中 GDP 占比最大<br>城市人口在区域中占比最大<br>区域的行政中心<br>区域的工业中心<br>区域的客货枢纽<br>客货运输企业数量最多 |

续表

| 重要节点城市 | 判定条件 |
| --- | --- |
| 边缘城市 | 除中心城市以外 GDP 占比较高的城市<br>靠近区域的边界<br>城市人口较多<br>比较完善的客货运输枢纽<br>货运企业数量较多 |

2. 分析综合运输通道识别区域内的重要运输轴

根据点轴理论，确定区域中心城市向外发出的线状基础设施束以及在此基础上形成的交通流、商流、信息流等。根据识别区域的范围不同，构成基础设施束的交通基础设施不同。两城市间距离较近时，构成基础设施束的交通基础设施以普通公路和高速公路为主；两城市间距离较远时，构成基础设施束的交通基础设施以高速公路、普通铁路和高速铁路为主；两城市间距离很远时，构成基础设施束的交通基础设施以航空、水路、普通铁路和高速铁路为主。基础设施束还包括交通基础设施上的客运班线数量、货运班线数量。

**表 3.2　区域重要运输轴识别条件**

| 运输轴类型 | 判定条件 |
| --- | --- |
| 公路运输轴 | 年平均日交通量<br>客运班线数量<br>客运企业数量<br>公路等级 |
| 铁路运输轴 | 客运班次数量<br>货运班次数量<br>铁路等级 |
| 水路运输轴 | 航道等级<br>货运船舶数量 |
| 航空运输轴 | 航班数量 |

3. 区域综合运输通道的识别

当区域中心城市、边缘城市和中心城市向外发出的重要运输轴确定之后，由连接区域中心城市和边缘城市的重要运输轴所构成的节点城市和路段构成了定性识别的区域综合运输通道。

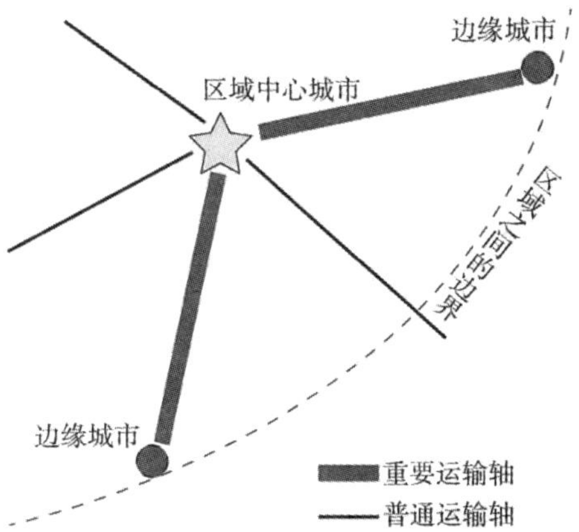


图 3.6　双核结构和点轴理论示意图

### 3.4.4　实证分析

利用湘西地区各时期交通运输出行分布数据，分别通过 Matlab 编写蚁群算法程序模拟区域运输需求，识别区域综合运输通道；同时，采用均衡模型，通过 TransCAD 对综合运输网络进行模拟分析，并结合定性识别方法，最终得到以下通道识别结果。

1. 湘西地区 2007 年区域综合运输通道

湘西地区早期的区域综合运输通道主要根据 2007 年的数据进行识别。这一时期由于交通基础设施还不完善，因此采用蚁群算法和用户优化均衡进行区域综合运输通道识别。

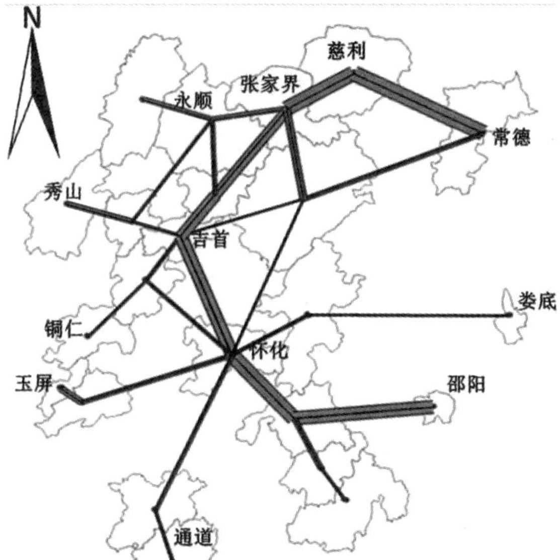


图 3.7　2007 年用户优化均衡识别的综合运输通道图

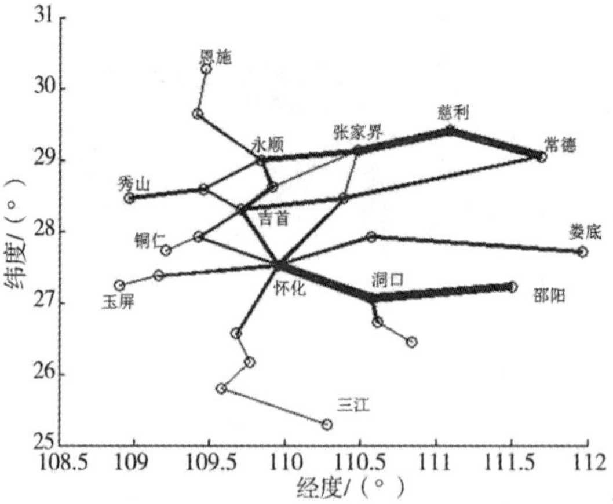


**图** 3.8　2007 **年蚁群算法识别的综合运输通道图**

综合两种识别方法的结果可以看出,在早期,整个湘西地区综合运输网络中运输量集中的路段所构成的可能的运输通道路径为:常德一慈利一张家界一永顺、常德一慈利一张家界一古丈、古丈一吉首一怀化一洞口一邵阳。

**表 3.3　2007 年可能构成综合运输通道路段的运输量**

| | 常德一慈利 | 慈利一张家界 | 张家界一永顺 | 张家界一古丈 | 古丈一吉首 | 吉首一怀化 | 怀化一洞口 | 洞口一邵阳 |
|---|---|---|---|---|---|---|---|---|
| 客运量(万人) | 124.25 | 112.63 | 69.21 | 36.23 | 71.24 | 107.35 | 126.36 | 125.7 |
| 货运量(万吨) | 102.3 | 98.27 | 66.24 | 41.32 | 62.36 | 72.36 | 103.54 | 99.74 |

根据综合运输通道定性识别,首先在可能构成运输通道的路径中确定中心城市和边缘城市。根据大湘西地区各城市 2007 年的 GDP 和人口水平,可以确定邵阳、张家界、怀化和吉首四个城市为中心城市;慈利、洞口和古丈均在区域边缘,但慈利和洞口的经济发展和人口水平较高,因此,慈利和洞口属于边缘城市。其次,找出重要运输轴,慈利一张家界拥有高速公路、普通公路和普通铁路,怀化一洞口一邵阳拥有高速公路和普通公路,且客货运输的班次数量较多,根据以上分析可以确定湘西地区早期的综合运输通道为:常德一慈利一张家界、怀化一洞口一邵阳。运输通道的年客运费用 32 188.17 万元,运输通道的年货运费用 30 722.12 万元,通道覆盖率为 20.83%。因此,可以看出湘西区域综合运输通道处在形成的早期,运输通道主要连接区域内的三个中心城市。湘西地区由于缺乏高速公路、高速铁路等先进的交通基础设施,区域综合运输通道费用较低,通道覆盖率低,运输服务可靠性不高。

2. 湘西地区 2013 年区域综合运输通道

经过五多年的建设，2013 年湘西地区各类型交通基础设施初步完善，但依然有部分路段的交通基础设施还比较落后。这一时期区域经济发展迅速，区域内交通运输需求出现了较大幅度的增长，因此，采用蚁群算法和系统优化均衡进行区域综合运输通道识别。

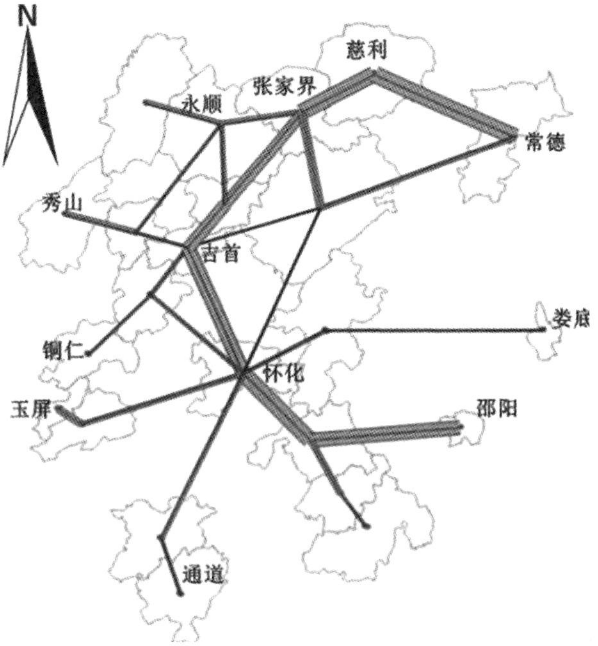


图 3.9　2013 年系统优化均衡识别的综合运输通道图

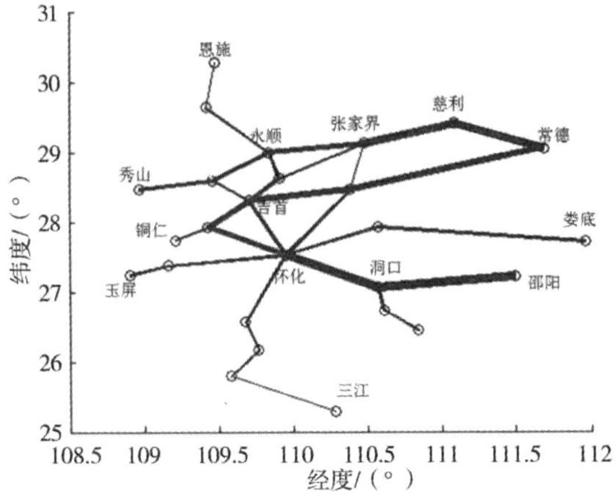


图 3.10　2013 年蚁群算法识别的综合运输通道图

综合两种识别方法的结果可以看出，在中期，整个湘西地区综合运输网络中运输量集中的路段所构成的可能的运输通道路径为：常德－慈利－张家界－永顺－花垣－秀山、常德－沅陵－吉首－凤凰－怀化－洞口－邵阳。

**表 3.4　2013 年可能构成综合运输通道各路段的运输量**

| 路段 | 常德一慈利 | 慈利一张家界 | 张家界一永顺 | 永顺一花垣 | 花垣一秀山 |
|---|---|---|---|---|---|
| 客运量(万人) | 173.20 | 169.21 | 123.68 | 69.23 | 63.23 |
| 货运量(万吨) | 143.62 | 139.10 | 99.87 | 60.30 | 58.80 |
| 路段 | 怀化一洞口 | 洞口一邵阳 | 常德一沅陵 | 沅陵一吉首 | 吉首一凤凰 |
| 客运量(万人) | 159.37 | 162.54 | 101.30 | 94.23 | 76.21 |
| 货运量(万吨) | 132.10 | 130.65 | 93.69 | 88.11 | 60.1 |

根据综合运输通道定性识别，首先在可能构成运输通道的路径中确定中心城市和边缘城市。根据大湘西地区各城市 2013 年的 GDP 和人口水平，可以确定邵阳、张家界、怀化和吉首四个城市为中心城市；慈利、洞口、花垣、凤凰和沅陵均在区域边缘，其中慈利、洞口和沅陵的经济发展和人口水平比周边城市高，因此，慈利、洞口和沅陵属于边缘城市。其次，找出重要运输轴，慈利一张家界拥有高速公路、普通公路和普通铁路，常德一沅陵一吉首和怀化一洞口一邵阳拥有高速公路和普通公路，且客货运输的班次数量较多，根据以上分析可以确定湘西地区中期的综合运输通道为：常德一慈利一张家界、怀化一洞口一邵阳、常德一沅陵一吉首。在之前的运输通道基础上开始出现新的通道，运输通道的年客运费用 70 461.04 万元，运输通道的年货运费用 58 568.95 万元，运输通道覆盖率 29.16%。因此，可以看出在这一时期湘西区域综合运输通道覆盖率有所提升，运输费用明显提高，运输量也大幅提升，运输服务可靠性提高。此时，湘西区域综合运输通道处在形成的中期，综合运输通道的走向与区域中心城市保持一致，通道内所采用的运输方式单一，基本以公路运输方式为主。

3. 湘西地区 2017 年区域综合运输通道

经过近十年的建设，湘西地区已经形成了普通国省道、高速公路、水路、铁路以及高速铁路等多种运输方式所构成的区域综合运输网络，区域内交通运输基础设施与交通运输需求的供需关系逐步由供应小于需求向供应等于或大于需求转变，交通运输需求客户对运输质量的要求越来越高，因此，采用随机用户分配和蚁群算法方式进行区域综合运输通道识别。

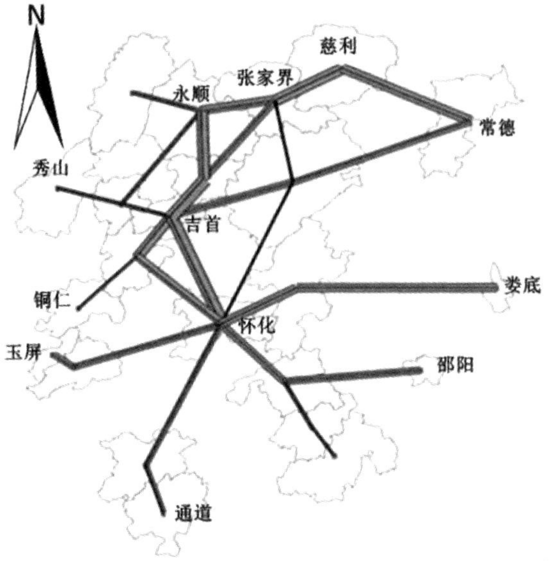


图 3.11　2017 年随机用户分配识别的综合运输通道图

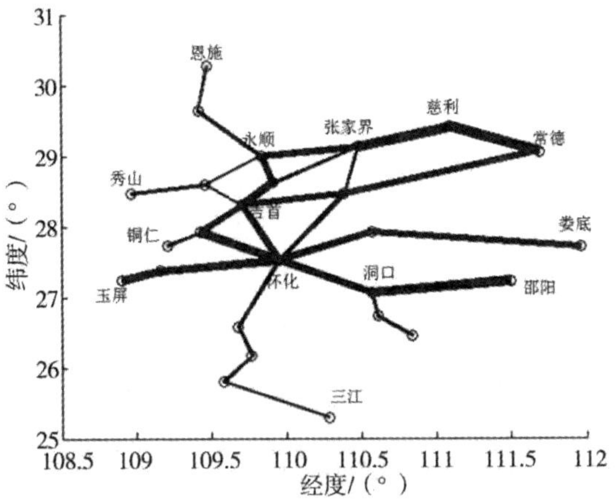


图 3.12　2017 年蚁群算法识别的综合运输通道图

综合两种识别方法的结果可以看出，在后期，整个湘西地区综合运输网络中运输量集中的路段所构成的可能的运输通道路径为：常德－慈利－张家界－永顺－古丈－吉首、常德－沅陵－吉首、吉首－凤凰－怀化－洞口－邵阳、娄底－溆浦－怀化－新晃－玉屏。

表 3.5　2017 年可能构成综合运输通道各路段的运输量

| 路段 | 常德－慈利 | 慈利－张家界 | 张家界－永顺 | 永顺－古丈 | 古丈－吉首 | 怀化－洞口 | 洞口－邵阳 |
|---|---|---|---|---|---|---|---|
| 客运量(万人) | 231.60 | 228.11 | 163.69 | 151.90 | 153.50 | 213.34 | 211.10 |
| 货运量(万吨) | 168.23 | 171.96 | 156.10 | 138.32 | 148.22 | 157.45 | 151.21 |

续表

| 路段 | 常德一沅陵 | 沅陵一吉首 | 吉首一凤凰 | 凤凰一怀化 | 玉屏一怀化 | 怀化一溆浦 | 溆浦一娄底 |
|---|---|---|---|---|---|---|---|
| 客运量(万人) | 201.12 | 199.21 | 156.10 | 151.12 | 179.98 | 176.35 | 177.40 |
| 货运量(万吨) | 142.30 | 138.63 | 145.20 | 138.26 | 142.69 | 145.20 | 148.11 |

根据综合运输通道定性识别，首先，在可能构成运输通道的路径中确定中心城市和边缘城市。根据大湘西地区各城市 2017 年的 GDP 和人口水平，可以确定邵阳、张家界、怀化和吉首四个城市为中心城市；慈利、洞口、花垣、凤凰、溆浦、玉屏和沅陵均在区域边缘，其中慈利、洞口、溆浦、玉屏和沅陵的经济发展和人口水平比周边城市高，因此慈利、洞口、溆浦、玉屏和沅陵属于边缘城市。其次，找出重要运输轴，慈利一张家界、张家界一古丈一吉首、吉首一怀化和娄底一溆浦一怀化拥有高速公路、普通公路和普通铁路，怀化一洞口一邵阳和怀化一新晃一玉屏拥有高速公路、高速铁路和普通公路，常德一沅陵一吉首拥有高速公路和普通公路，且客货运输的班次数量较多，根据以上分析可以确定湘西地区的综合运输通道为：常德一慈利一张家界、玉屏一怀化一洞口一邵阳、常德一沅陵一吉首一凤凰一怀化。运输通道的距离进一步增长，运输通道的年客运费用 190 710.8 万元，运输通道的年货运费用 142 010.6 万元，通道覆盖率达 50%。因此，可以看出目前湘西区域综合运输通道可靠性提高，运输量增加，运输费用大幅增加。此时，湘西区域综合运输通道处在形成的后期，运输通道的走向除与区域中心城市一致外，在新晃、玉屏等非中心城市方向上开始逐步形成通道，但大部分通道连接的依然是湘西以东的城市，同时，铁路运输方式在区域综合运输通道上的比例在增加。

## 3.5 本章小结

区域综合运输通道的形成要素为政府、需求市场和运输企业。综合运输通道的演化过程包括：形成初期、形成中期和形成后期。本章分别描述各时期通道的特点，构建定量模型分析与定性模型筛选的区域综合运输通道识别方法，并对不同时期湘西地区综合运输通道进行识别，同时实证分析证明该综合运输通道识别方法的可行性，也证明综合运输通道形成机理分析的正确性。实证中所发现的综合运输通道目的方向问题，将成为下一章研究的重点。

# 第四章　综合运输通道对区域经济发展影响研究

区域综合运输通道作为区域内主要交通基础设施构成的系统，其主要作用就是为区域内经济社会发展服务，因此，研究区域综合运输通道对区域发展的影响，主要是从宏观角度分析区域综合运输通道在形成和完善过程中是否有利于区域社会经济发展。

## 4.1　影响区域经济增长的综合运输通道相关因素分析

### 4.1.1　区域经济增长影响因素定性分析

国内外对于经济增长理论的研究有很多，Harrod-Domar 模型认为，在收入与消费的比率不变，资本与劳动、资本与产量的比率不变，不存在技术进步的情况下，一个区域的经济增长来源于劳动人口的增长[88]；索洛提出在资本与劳动、资本与产量比率不变的情况下，资本边际报酬递减假定，并引入技术进步对经济增长的影响[89]；罗默、卢卡斯等引入内生增长模型，研究了人力资本生产和知识的溢出效应的对经济增长的影响；杨小凯把分工引入经济增长模型，认为劳动分工的演进扩大了市场规模，市场规模扩大又反过来促进劳动分工的演进。由经济增长理论的发展可以看出，影响区域经济增长的因素有很多，区域经济增长不是靠单一因素影响所能达到的，经济增长理论是从不同角度对经济增长因素进行分析[90-91]。

首先，综合之前经济增长理论的分析角度，区域经济增长定性影响因素主要包括区域劳动力人口、区域固定投资、区域产业结构、区域技术进步、区域贸易发展水平、区域消费习惯、区域运输资源。其次，从区域综合运输通道的角度出发，结合定性影响因素并根据统计年鉴上可查到的相关量化指标，进一步确定了区域经济增长的定量影响因素。最后，得出影响区域经济增长的因素排序，从而为后文区域综合运输通道对区域经济发展的效果分析做铺垫。

表 4.1 区域经济增长定量影响因素

| 定性影响因素 | 定量影响因素 |
| --- | --- |
| 区域劳动力人口 | 区域从业人数 |
| 区域运输资源 | 区域综合运输通道长度 |
| | 区域综合运输通道的平均运输成本 |
| | 区域综合运输通道覆盖的范围 |
| | 区域综合运输通道连接外部区域数量 |
| 区域固定投资 | 区域交通设施固定投资额 |
| | 区域工业固定资本投资 |
| | 区域技术改造固定资本投资 |
| | 区域战略性新兴产业投资 |
| 区域产业结构 | 区域第二产业增加值 |
| | 区域第三产业增加值 |
| 区域技术进步 | 区域全社会研究与试验发展经费 |
| 区域贸易发展水平 | 区域出口额占国内生产总值比重 |
| | 区域进口额占国内生产总值比重 |
| | 区域邮电业务总量 |
| | 区域货物运输量 |
| | 区域旅客运输量 |
| | 区域货运周转量 |
| | 区域客运周转量 |
| 区域消费习惯 | 区域社会消费零售总额 |
| | 区域城乡居民储蓄余额 |

### 4.1.2 综合运输通道相关因素对区域经济增长效果分析

要分析区域综合运输通道对区域经济的影响，必须确定与区域综合运输通道相关的定量影响因素对区域经济增长的作用效果。本研究采用邓聚龙教授提出的灰色系统理论中的灰色关联分析方法，对定量影响因素的作用效果进行分析。

灰色关联分析是灰色系统理论的一个分支，是根据各因素变化曲线几何形状的相似程度来判断因素之间关联程度的方法。灰色关联分析方法要求样本容量较少，对数据无规律同样适用，不会出现量化结果与定性分析结果不符的情况。其基本思想是将影响因素的样本数据进行无量纲化处理，计算各因素之间的关联系数、关联度，以及根据关联度的大小对待评因素的影响程度进行排序。

本研究通过对区域经济增长动态过程发展态势的量化分析，完成对区域经济定量影响因素时间序列有关统计数据几何关系的比较，以区域经济增长统计数据作为参考数列，求出参考数列与各影响因素比较数列之间的灰色关联度。与参考数列关联度越大的比较数列，其发展方向和速率与参考数列越接近，与区域经济增长的关系越紧密。具体步骤如下：

(1)确定定量影响因素原始评价矩阵及参考数列。

原始评价矩阵由 $m$ 个样本对象和 $n$ 个影响因素指标组成，$x_{ij}$ 表示第 $i$ 个影响因素指标和第 $j$ 个样本对象，原始评价矩阵为：

$$\boldsymbol{X}=\begin{pmatrix}\boldsymbol{X}_1\\ \boldsymbol{X}_2\\ \cdots\\ \boldsymbol{X}_j\\ \cdots\\ \boldsymbol{X}_m\end{pmatrix}^{\mathrm{T}}=\begin{bmatrix}x_{11} & x_{12} & \cdots & x_{1j} & \cdots & x_{1m}\\ x_{21} & x_{22} & \cdots & x_{2j} & \cdots & x_{2m}\\ \cdots & \cdots & \cdots & \cdots & \cdots & \cdots\\ x_{i1} & x_{i2} & \cdots & x_{ij} & \cdots & x_{im}\\ \cdots & \cdots & \cdots & \cdots & \cdots & \cdots\\ x_{m1} & x_{m2} & \cdots & x_{nj} & \cdots & x_{nm}\end{bmatrix}\quad(1\leqslant i\leqslant n,1\leqslant j\leqslant m)\qquad(4.1)$$

以区域 GDP 统计数据作为经济增长的定量指标，设定参考数列为$\boldsymbol{X}_0=(x_{01},x_{02},\cdots,x_{0i},\cdots,x_{0n})$。

(2)对指标数据进行标准化处理。

在多影响因素综合评价中，为了消除量纲差异带来指标不可公度性问题，需要对原始评价矩阵以及参考数列进行标准化处理，通过将不同量纲进行变换，变为无量纲的标准化指标，得到标准化处理后的数据序列。

$$\boldsymbol{R}=\begin{pmatrix}\boldsymbol{R}_0\\ \boldsymbol{R}_1\\ \cdots\\ \boldsymbol{R}_j\\ \cdots\\ R_m\end{pmatrix}^{\mathrm{T}}=\begin{bmatrix}r_{01} & r_{02} & \cdots & r_{0j} & \cdots & r_{0m}\\ r_{11} & r_{12} & \cdots & r_{1j} & \cdots & r_{1m}\\ \cdots & \cdots & \cdots & \cdots & \cdots & \cdots\\ r_{i1} & r_{i2} & \cdots & r_{ij} & \cdots & r_{im}\\ \cdots & \cdots & \cdots & \cdots & \cdots & \cdots\\ r_{m1} & r_{m2} & \cdots & r_{nj} & \cdots & r_{nm}\end{bmatrix}\quad(1\leqslant i\leqslant n,1\leqslant j\leqslant m)\qquad(4.2)$$

其中，$\boldsymbol{R}_0=(r_{01},r_{02},\cdots,r_{0i},\cdots,r_{0n})$为标准化处理后的参考数列。

目前比较常见的标准化处理方法有：

①向量归一法。

$$r_{ij}=\frac{x_{ij}}{\sqrt{\sum_{i=1}^{m}x_{ij}^2}}\quad(1\leqslant i\leqslant m,1\leqslant j\leqslant n)\qquad(4.3)$$

矩阵$\boldsymbol{R}=[r_{ij}]$为向量归一标准化矩阵，其列向量模等于1，而且指标值均在区间[0,1]

内，并且正、逆向方向没变。

②线性比例变换法。

正向指标：

$$r_{ij}=\frac{x_{ij}}{\max\limits_{1\leqslant i\leqslant m}x_{ij}}\quad(1\leqslant i\leqslant m,1\leqslant j\leqslant n)\tag{4.4}$$

逆向指标：

$$r_{ij}=\frac{\max\limits_{1\leqslant i\leqslant m}x_{ij}}{x_{ij}}\quad(1\leqslant i\leqslant m,1\leqslant j\leqslant n)\tag{4.5}$$

经过线性变换后，指标值均在区间[0,1]内，正、逆向指标均化为正向指标，最优值为1，最劣值为0，值越大越优。

③极差变换法(标准0—1变换)。

正向指标：

$$r_{ij}=\frac{x_{ij}-\min\limits_{1\leqslant i\leqslant m}x_{ij}}{\max\limits_{1\leqslant i\leqslant m}x_{ij}-\min\limits_{1\leqslant i\leqslant m}x_{ij}}\quad(1\leqslant i\leqslant m,1\leqslant j\leqslant n)\tag{4.6}$$

逆向指标：

$$r_{ij}=\frac{\max\limits_{1\leqslant i\leqslant m}x_{ij}-x_{ij}}{\max\limits_{1\leqslant i\leqslant m}x_{ij}-\min\limits_{1\leqslant i\leqslant m}x_{ij}}\quad(1\leqslant i\leqslant m,1\leqslant j\leqslant n)\tag{4.7}$$

经过标准0—1变换后，指标值均在区间[0,1]内，正、逆向指标均化为正向指标，最优值为1，最劣值为0，值越大越优。

④标准样板变换——化为标准正态分布$Z$值。

$$r_{ij}=\frac{x_{ij}-\frac{1}{m}\sum\limits_{i=1}^{m}x_{ij}}{\sqrt{\frac{1}{m-1}\sum\limits_{i=1}^{m}\left(x_{ij}-\frac{1}{m}\sum\limits_{i=1}^{m}x_{ij}\right)^{2}}}\quad(1\leqslant i\leqslant m,1\leqslant j\leqslant n)\tag{4.8}$$

标准化矩阵每列的样本均值为0，方差为1。

(3)计算绝对差值。

对标准化处理的数据序列，逐个计算每个被评价对象指标序列(比较序列)与参考数列对应元素的绝对差值。

$$|\boldsymbol{R}_i-\boldsymbol{R}_0|=|r_{ij}-r_{0j}|,\quad i=1,2,\cdots,m;j=1,2,\cdots,n\tag{4.9}$$

(4)计算每个比较序列与参考数列对应元素的关联系数。

$$\zeta_{ij}=\frac{\min\limits_{i=1}^{m}\{\min\limits_{j=1}^{n}(|r_{ij}-r_{0j}|)\}+\eta\max\limits_{i=1}^{m}\{\max\limits_{j=1}^{n}(|r_{ij}-r_{0j}|)\}}{|r_{ij}-r_{0j}|+\eta\max\limits_{i=1}^{m}\{\max\limits_{j=1}^{n}(|r_{ij}-r_{0j}|)\}}\tag{4.10}$$

其中，$\eta$为分辨系数，取值范围在[0,1]之间。$\eta$取值越小，关联系数之间的差异越大，分辨能力越强，通常情况下$\eta=0.5$。关联系数$\zeta_{ij}$是不超过1的正数，它反映第$i$个比较序列

$\boldsymbol{X}_i$与参考序列$\boldsymbol{X}_0$在第 $j$ 个属性上的关联程度。

(5)关联度计算。

对各评价对象(比较序列)分别计算其各指标与参考序列对应元素的关联系数的均值,以反映各评价对象与参考序列的关联关系。

$$\boldsymbol{P}=(p_{01},p_{02},\cdots,p_{0i},\cdots p_{0m})^{\mathrm{T}}\quad(i=1,2,\cdots,m)$$

$$p_{0i}=\frac{1}{n}\sum_{j=1}^{n}\zeta_{ij}(j)\quad(i=1,2,\cdots,m;j=1,2,\cdots,n)\tag{4.11}$$

(6)依据各观察对象的关联度,得出综合评价结果。

### 4.1.3　实证分析

取湖南省湘西地区(张家界、湘西州、怀化和邵阳)2005—2015 年的国内生产总值及其相应的影响因素样本数据,如表 4.2 所示。

**表 4.2　2005—2017 年各因素样本数据表**

| 年份 | 2005 | 2006 | 2007 | 2008 | 2009 | 2010 | 2011 | 2012 | 2013 | 2014 | 2015 | 2016 | 2017 |
|---|---|---|---|---|---|---|---|---|---|---|---|---|---|
| GDP(亿元) | 889 | 1 021 | 1 230 | 1 477 | 1 632 | 1 951 | 2 674 | 2 766 | 3 026 | 3 310 | 3 605 | 3 946 | 4 321 |
| 交通设施固定投资额(亿元) | 21 | 41 | 63 | 85 | 80 | 67 | 118 | 155 | 243 | 333 | 403 | 483 | 513 |
| 工业固定资本投资(亿元) | 88 | 130 | 202 | 279 | 335 | 431 | 489 | 619 | 772 | 905 | 1 056 | 1 160 | 1 211 |
| 技术改造固定资本投资(亿元) | 53 | 66 | 118 | 170 | 264 | 341 | 295 | 482 | 563 | 605 | 551 | 615 | 686 |
| 战略性新兴产业投资(亿元) | 6 | 6 | 7 | 9 | 11 | 13 | 11 | 20 | 40 | 39 | 104 | 108 | 120 |
| 第二产业增加值(亿元) | 269 | 317 | 392 | 504 | 595 | 748 | 963 | 1 091 | 1 176 | 1 255 | 1 316 | 1 354 | 1 425 |
| 第三产业增加值(亿元) | 401 | 457 | 538 | 640 | 729 | 851 | 1 004 | 1 172 | 1 336 | 1 490 | 1 693 | 1 928 | 2 210 |
| 邮电业务总量(亿元) | 53 | 75 | 92 | 111 | 144 | 161 | 79 | 87 | 95 | 123 | 151 | 228 | 189 |
| 货物运输量(亿吨) | 1 | 1.1 | 1.3 | 1.4 | 1.5 | 1.9 | 2.5 | 2.8 | 3 | 3.4 | 3.7 | 4.1 | 4.4 |
| 旅客运输量(亿人次) | 2 | 2.3 | 2.7 | 3.2 | 3.5 | 4.2 | 5 | 4.5 | 4 | 4.4 | 4.8 | 5.2 | 5 |
| 货运周转量(亿吨公里) | 106 | 128 | 147 | 182 | 338 | 395 | 457 | 555 | 604 | 629 | 686 | 651 | 685 |
| 客运周转量(亿人公里) | 120 | 96 | 116 | 112 | 145 | 171 | 200 | 224 | 243 | 216 | 130 | 161 | 150 |
| 社会消费零售总额(亿元) | 319 | 353 | 415 | 508 | 607 | 712 | 838 | 967 | 1 097 | 1 235 | 1 653 | 1 848 | 2 044 |
| 运输通道长度(公里) | 536 | 536 | 536 | 750 | 950 | 950 | 950 | 1 100 | 1 210 | 1 350 | 1 440 | 1 900 | 2 350 |
| 运输通道运输费用(亿元) | 4.7 | 5.2 | 6.3 | 7.2 | 8.4 | 9.6 | 10.7 | 11.9 | 13.4 | 17.5 | 23.6 | 28 | 33 |
| 运输通道覆盖的范围(个) | 9 | 10 | 10 | 12 | 14 | 14 | 14 | 15 | 17 | 17 | 20 | 22 | 23 |
| 运输通道连接外部区域数量(个) | 2 | 2 | 2 | 3 | 3 | 3 | 3 | 4 | 4 | 5 | 6 | 9 | 12 |

利用极差变换法将样本参数表转换为标准化指标数据，如表 4.3 所示。

**表 4.3　2005—2017 年各因素的标准化指标数据表**

| 年份 | 2005 | 2006 | 2007 | 2008 | 2009 | 2010 | 2011 | 2012 | 2013 | 2014 | 2015 | 2016 | 2017 |
|---|---|---|---|---|---|---|---|---|---|---|---|---|---|
| 交通设施固定投资额 | 0.54 | 0.92 | 0.92 | 0.6 | 1 | 0.5 | 0.95 | 0.45 | 0.43 | 0.79 | 1 | 0.56 | 0.63 |
| 工业固定资本投资 | 0.38 | 0.44 | 0.62 | 1 | 0.65 | 0.44 | 0.77 | 0.34 | 0.33 | 0.63 | 0.46 | 0.42 | 1 |
| 技术改造固定资本投资 | 0.68 | 0.65 | 0.81 | 1 | 0.76 | 0.58 | 0.72 | 0.47 | 0.67 | 0.71 | 0.79 | 0.87 | 1 |
| 战略性新兴产业投资 | 0.82 | 0.93 | 0.85 | 1 | 0.71 | 0.7 | 0.33 | 0.46 | 0.8 | 0.69 | 0.91 | 1 | 0.91 |
| 第二产业增加值 | 0.57 | 0.58 | 0.58 | 0.76 | 0.92 | 0.57 | 1 | 0.38 | 0.56 | 0.66 | 1 | 0.7 | 0.46 |
| 第三产业增加值 | 0.77 | 0.77 | 0.84 | 0.87 | 0.67 | 0.77 | 0.35 | 1 | 0.55 | 0.61 | 1 | 0.76 | 0.42 |
| 邮电业务总量 | 1 | 0.74 | 0.68 | 0.63 | 0.46 | 0.47 | 0.34 | 0.35 | 0.49 | 0.64 | 0.93 | 0.36 | 1 |
| 货物运输量 | 0.54 | 0.64 | 0.67 | 0.77 | 0.55 | 1 | 0.47 | 0.77 | 0.49 | 1 | 0.82 | 0.79 | 0.8 |
| 旅客运输量 | 1 | 0.96 | 0.98 | 0.98 | 0.99 | 0.92 | 0.83 | 0.47 | 1 | 0.96 | 0.87 | 0.95 | 0.47 |
| 货运周转量 | 0.55 | 0.54 | 0.46 | 0.43 | 0.46 | 0.44 | 1 | 0.37 | 0.76 | 1 | 0.95 | 0.82 | 0.62 |
| 客运周转量 | 0.36 | 0.8 | 0.75 | 0.61 | 0.93 | 1 | 0.43 | 0.61 | 0.58 | 0.82 | 0.85 | 1 | 0.74 |
| 社会消费零售总额 | 0.8 | 1 | 0.81 | 0.94 | 0.51 | 0.54 | 0.34 | 0.82 | 0.63 | 0.66 | 1 | 0.81 | 0.71 |
| 运输通道长度 | 0.66 | 0.85 | 1 | 0.84 | 0.52 | 0.92 | 0.41 | 0.55 | 0.86 | 0.89 | 0.79 | 1 | 0.52 |
| 运输通道运输费用 | 0.77 | 0.44 | 0.59 | 0.57 | 0.54 | 1 | 0.34 | 0.34 | 0.96 | 0.77 | 0.56 | 1 | 0.9 |
| 运输通道覆盖的范围 | 0.5 | 0.5 | 0.7 | 0.66 | 0.54 | 1 | 0.34 | 0.35 | 0.86 | 0.6 | 1 | 0.86 | 0.91 |
| 运输通道连接外部区域数量 | 0.55 | 0.67 | 1 | 0.53 | 0.66 | 0.84 | 0.34 | 0.6 | 0.77 | 0.87 | 1 | 0.98 | 0.55 |

最终得到不同时间段的 GDP 与各因素的关联度，如表 4.4 所示。

**表 4.4　GDP 与各因素的关联度表**

| 时间段 | 2013－2017 年 | 2005－2017 年 |
|---|---|---|
| 交通设施固定投资额 | 0.68 | 0.59 |
| 工业固定资本投资 | 0.57 | 0.72 |
| 技术改造固定资本投资 | 0.81 | 0.58 |
| 战略性新兴产业投资 | 0.86 | 0.74 |
| 第二产业增加值 | 0.68 | 0.63 |
| 第三产业增加值 | 0.67 | 0.74 |
| 邮电业务总量 | 0.69 | 0.6 |
| 货物运输量 | 0.78 | 0.68 |
| 旅客运输量 | 0.85 | 0.6 |
| 货运周转量 | 0.83 | 0.54 |
| 客运周转量 | 0.8 | 0.62 |
| 社会消费零售总额 | 0.76 | 0.73 |
| 运输通道长度 | 0.81 | 0.67 |
| 运输通道运输费用 | 0.84 | 0.73 |
| 运输通道覆盖的范围 | 0.84 | 0.79 |
| 运输通道连接外部区域数量 | 0.83 | 0.73 |

从表 4.4 可知:2013－2017 年,GDP 与各因素的关联度中位数为 0.805,均值为 0.768 75;2005－2017 年,GDP 与各因素的关联度中位数为 0.675,均值为 0.668 125。与综合运输通道相关的客货运输量、周转率、运输通道长度、运输费用、覆盖范围以及连接外部区域数量等指标的关联度均大于中位数和均值,证明综合运输通道对区域经济发展产生了重要影响。其中,运输通道运输费用、覆盖范围和旅客运输量与 GDP 的关联度最高,因此在区域综合运输通道布局优化时应该更加关注通道运输费用和覆盖程度,在进行区域综合通道内部分析时,应重点关注客运的运输结构调整。

## 4.2　综合运输通道空间相关性分析

### 4.2.1　综合运输通道对经济增长贡献机理分析

根据前面的分析可知,区域综合运输通道是区域经济增长的影响因素之一,同时由于构成区域综合运输通道的交通基础设施具有典型的外部性,是促进经济增长的重要手段,因此,政府为发展经济大力投资交通基础设施,从而使得区域综合运输通道距离增长,覆盖范围扩大,平均行驶速度加快,区域内各城市之间以及通过通道相连接的区域外城市之间的交通运输成本明显降低。

经济增长的主要动力来自劳动力投入、私人部门资本投入、市场规模、科技投入以及财税政策等方面。劳动力投入主要与城市的工资水平以及前往该区域的交通成本有关；私人部门资本投入主要与城市的土地价格、对外运输成本和工资水平有关；市场规模主要与区域的人口规模以及消费水平有关；科技水平主要与区域的科研投入有关；财税政策主要与国家的宏观经济政策有关。

在假设区域内外各城市的科技投入和财税政策相同的情况下，随着区域综合运输通道的发展，区域内部各城市之间以及区域与外部各城市之间的交通运输成本降低，城市之间的人流和物流越来越频繁。由于交通运输成本的降低，劳动力将逐渐向工资水平较高的城市流动，而私人部门资本将更多地流向土地价格以及工资水平较低的城市，劳动力流入城市的市场规模进一步扩大。

当区域综合运输通道连接的外部区域为经济较发达的区域时，由于外部区域的资本存量大，具有较强的投资能力，区域的土地和劳动力成本低的优势将吸引资本向区域进行投入，促进区域的经济增长，区域内居民消费水平也随之提高，市场规模扩大。与此同时，外部区域经济较发达，工资水平较高，由于交通成本的降低，将有大量的区域劳动力流向外部区域。当区域综合运输通道连接的外部区域为经济欠发达的区域时，区域内较高的工资水平将吸引外部区域的劳动力流入，从而增加区域内的人口数量，扩大区域内的市场规模。外部区域较低的劳动力和土地成本也将吸引部分区域内的企业对外进行投资，从而促进本区域企业的发展。

**表 4.5　区域综合运输通道连接不同区域对经济增长动力的影响**

| 区域内部经济增长动力 | 连接的经济欠发达区域 | 连接的经济发达区域 |
| --- | --- | --- |
| 劳动力 | 流出 | 流入 |
| 资本 | 流入 | 流出 |
| 人口规模 | 减少 | 增加 |
| 消费水平 | 提高 | — |

从上面的分析可以看出，区域综合运输通道所连接的外部区域，无论经济发达还是欠发达，交通运输成本的降低都会对区域内经济增长产生积极影响。但是，随着区域内外经济的发展，区域内外劳动力和土地成本的差距将逐步缩小，此时区域综合运输通道所连接的经济欠发达区域吸引资本投入的优势将逐步减小，区域综合运输通道对经济欠发达区域间的经济增长的贡献将逐渐减弱。本研究将通过计量模型证明区域综合运输通道对区域经济增长的影响。

### 4.2.2　综合运输通道所在区域的空间自相关分析

首先，根据全局莫兰指数函数构建区域综合运输通道所覆盖的所有区域整体的经济增长空间模型：

$$I = \frac{\sum_{i=1}^{n}\sum_{j=1}^{n} w_{ij}(x_i - \bar{x})(x_j - \bar{x})}{S^2 \sum_{i=1}^{n}\sum_{j=1}^{n} w_{ij}} \tag{4.12}$$

$$S^2 = \frac{1}{n}\sum_{i=1}^{n}(x_i - \bar{x})^2 \tag{4.13}$$

$$\bar{x} = \frac{1}{n}\sum_{i=1}^{n} x_i \tag{4.14}$$

$$I_i = \frac{(x_i - \bar{x})}{S^2}\sum_{j=1}^{n} w_{ij}(x_j - \bar{x}) \tag{4.15}$$

式中，$x_i$ 表示城市 $i$ 的 GDP，$x_j$ 表示城市 $j$ 的 GDP，$n$ 表示区域综合运输通道连接的各个城市的总数，$w_{ij}$ 表示区域综合运输通道连接各城市的通道权重。

参照 Francois Bavaud 总结的空间权重矩阵构建方法[92]，本研究采用两种类型的空间权重矩阵。

(1)运输路径空间权重矩阵。

$$w_{ij} = \frac{tr_{ij}}{\sum_{i=1}^{n}\sum_{j=1}^{n} tr_{ij}} \tag{4.16}$$

其中，$tr_{ij}$ 表示区域综合运输通道所经过的城市 $i$ 和城市 $j$ 之间的运输路径，区域综合运输通道的完善，使区域内城市与区域外相邻城市的运输路径和运输方式更多，区域内城市与区域外城市之间联系更加紧密，此时，区域内各城市以及区域外相邻城市的经济发展会带动其周边城市经济的发展，因此，运输路径空间权重矩阵可以用来分析区域综合运输通道对区域经济增长的空间正溢出效应。

(2)经济差距以及运输时间空间权重矩阵。

$$w_{ij} = \frac{\frac{1}{|gp_i - gp_j|}}{\sum_{i=1}^{n}\sum_{j=2}^{n}\frac{1}{|gp_i - gp_j|}} \tag{4.17}$$

其中，$gp_i$ 和 $gp_j$ 分别表示区域综合运输通道连接的城市 $i$ 和城市 $j$ 的人均 GDP。

$$w_{ij} = \frac{\frac{1}{tc_{ij}}}{\sum_{i=1}^{n}\sum_{j=2}^{n}\frac{1}{tc_{ij}}} \tag{4.18}$$

其中，$tc_{ij}$ 表示区域综合运输通道所连接的城市 $i$ 和城市 $j$ 之间的通道平均运输时间。

区域综合运输通道的完善使得区域外城市与区域内城市的联系越来越密切，但是随着区域外城市产出的增加，可能导致区域内城市经济增长资源的减少，而人均 GDP 和运输时间是吸引生产要素流动的重要影响因素，因此，经济差距以及运输时间空间权重矩阵可以用来分析区域综合运输通道对区域经济增长的空间负溢出效应。

其次，根据吉尔里指数函数构建区域局部空间相关性模型：

$$C=\frac{(n-1)\sum_{i=1}^{n}\sum_{j=1}^{n}w_{ij}\ (x_i-x_j)^2}{2(\sum_{i=1}^{n}\sum_{j=1}^{n}w_{ij})[\sum_{i=1}^{n}(x_i-\bar{x})^2]} \tag{4.19}$$

当 $C$ 大于 1 时表示空间负相关，等于 1 时表示不相关，小于 1 时表示正相关。

最后，根据 Getis-Ord 指数 $G$ 函数构建区域聚集程度空间相关性模型：

$$G=\frac{\sum_{i=1}^{n}\sum_{j=1}^{n}w_{ij}x_i x_j}{\sum_{i=1}^{n}\sum_{j\neq i}^{n}x_i x_j} \tag{4.20}$$

$$E=\frac{\sum_{i=1}^{n}\sum_{j\neq i}^{n}w_{ij}}{n(n-1)} \tag{4.21}$$

$$G_i=\frac{\sum_{j\neq i}w_{ij}x_j}{\sum_{j\neq i}x_j} \tag{4.22}$$

当 $G$ 值大于 $E$ 值时，表示该区域为高值与高值聚集区域，即“热点区域”，证明综合运输通道所在区域的经济活跃，综合运输通道在此起到了促进作用；当 $G$ 值小于 $E$ 值时，表示该区域为低值与低值聚集区域，即“冷点区域”，证明综合运输通道所在区域的经济活跃程度不足，综合运输通道的作用不够明显。

### 4.2.3 实证分析

根据之前湘西地区区域综合运输通道的识别结果，构建区域综合运输通道的权矩阵，以区域内的湘西州、怀化、张家界、邵阳以及区域周边的铜仁、恩施、秀山、桂林、常德、衡阳、娄底为研究对象，采用的分析工具为 Stata12.0。

首先，分析湘西州、怀化、张家界、邵阳与铜仁、恩施、秀山、桂林、常德、衡阳、娄底 GDP 的空间相关性，分析结果如图 4.1 和图 4.2 所示。从结果可以看出，三个全局空间自相关指标均显示该区域存在空间自相关。

Measures of global spatial autocorrelation

Weights matrix

Name: W
Type: Imported (binary)
Row-standardized: No

Moran's I

| Variables | I | E(I) | sd(I) | z | p-value* |
|---|---|---|---|---|---|
| gdp | 0.110 | -0.100 | 0.109 | 1.917 | 0.055 |

Geary's c

| Variables | c | E(c) | sd(c) | z | p-value* |
|---|---|---|---|---|---|
| gdp | 0.763 | 1.000 | 0.142 | -1.666 | 0.096 |

Getis & Ord's G

| Variables | G | E(G) | sd(G) | z | p-value* |
|---|---|---|---|---|---|
| gdp | 0.633 | 0.555 | 0.060 | 1.307 | 0.191 |

*2-tail test

图 4.1　11 个地区的全局自相关分析结果

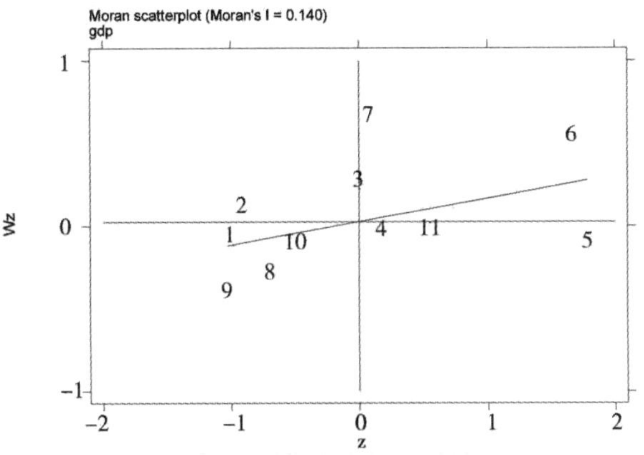


图 4.2　各地区的莫兰指数散点图

其次，分析湘西州、怀化、张家界、邵阳与常德、衡阳、娄底等东部城市 GDP 的空间相关性，以及局部空间自相关，分析结构如图 4.3 和图 4.4 所示。

Measures of global spatial autocorrelation

Weights matrix

Name: W
Type: Imported (binary)
Row-standardized: No

Moran's I

| Variables | I | E(I) | sd(I) | z | p-value* |
|---|---|---|---|---|---|
| gdp | -0.040 | -0.167 | 0.122 | 1.044 | 0.296 |

Geary's c

| Variables | c | E(c) | sd(c) | z | p-value* |
|---|---|---|---|---|---|
| gdp | 0.846 | 1.000 | 0.123 | -1.248 | 0.212 |

Getis & Ord's G

| Variables | G | E(G) | sd(G) | z | p-value* |
|---|---|---|---|---|---|
| gdp | 0.823 | 0.762 | 0.066 | 0.923 | 0.356 |

*2-tail test

**图 4.3　湘西地区与东部地区的全局自相关分析结果**

Measures of local spatial autocorrelation

Weights matrix

Name: W
Type: Imported (binary)
Row-standardized: No

Moran's Ii (gdp)

| Location | Ii | E(Ii) | sd(Ii) | z | p-value* |
|---|---|---|---|---|---|
| 1 | -0.029 | -0.667 | 1.288 | 0.495 | 0.621 |
| 2 | 0.019 | -0.667 | 1.288 | 0.533 | 0.594 |
| 3 | -0.059 | -1.000 | 0.877 | 1.073 | 0.283 |
| 4 | 0.080 | -0.833 | 1.165 | 0.784 | 0.433 |
| 5 | -2.120 | -0.833 | 1.165 | -1.105 | 0.269 |
| 6 | 1.356 | -0.667 | 1.288 | 1.571 | 0.116 |
| 7 | -0.519 | -0.667 | 1.288 | 0.115 | 0.909 |

*2-tail test

**图 4.4　湘西地区与东部地区的局部莫兰指数分析结果**

图中 Location 1 表示张家界、Location 2 表示湘西州、Location 3 表示怀化、Location 4 表示邵阳、Location 5 表示常德、Location 6 表示衡阳、Location 7 表示娄底。根据图4.3所示，三个全局空间自相关指标均显示该区域存在空间自相关。其中，莫兰指数 $I$ 显示区域整体属于空间负相关，吉尔里指数 $C$ 显示区域整体属于空间正相关，Getis-Ord 指数 $G$ 显示区域整体属于空间正相关。图 4.4 是综合通道区域内局部各城市的空间相关性，从分析结果可知，张家界、怀化属于空间负相关，湘西州、邵阳属于空间正相关。以上结果表明:连接东部地区的区域综合运输通道在湘西州和邵阳地区对资本流入和消费水平提高的影响大于对劳动力流出和人口规模减少的影响;连接东部地区的区域综合运输通道在张家界和怀化地区对劳动力流出和人口规模减少的影响大于对资本流入和消费水平提高的影响。此时,如果增加张家界地区与东部地区的综合运输通道数量,该地区的局部莫兰指数 $I$ 依然显示为负相关,如图 4.5 所示。

Measures of local spatial autocorrelation

Weights matrix

Name: W
Type: Imported (binary)
Row-standardized: No

Moran's Ii (gdp)

| Location | Ii | E(Ii) | sd(Ii) | z | p-value* |
|---|---|---|---|---|---|
| 1 | -1.444 | -1.000 | 0.877 | -0.506 | 0.613 |
| 2 | 0.254 | -0.833 | 1.165 | 0.934 | 0.350 |
| 3 | -0.059 | -1.000 | 0.877 | 1.073 | 0.283 |
| 4 | 0.080 | -0.833 | 1.165 | 0.784 | 0.433 |
| 5 | -2.120 | -0.833 | 1.165 | -1.105 | 0.269 |
| 6 | -0.302 | -0.833 | 1.165 | 0.456 | 0.648 |
| 7 | -0.041 | -1.000 | 0.877 | 1.094 | 0.274 |

*2-tail test

图 4.5　综合运输通道改变导致的湘西地区与东部地区的局部莫兰指数变化结果

最后,分析湘西州、怀化、张家界、邵阳与恩施、秀山、铜仁和桂林等西部城市 GDP 的空间相关性,以及局部空间自相关,分析结构如图 4.6 和图 4.7 所示。

Weights matrix

Name: W
Type: Imported (binary)
Row-standardized: No

Moran's I

| Variables | I | E(I) | sd(I) | z | p-value* |
|---|---|---|---|---|---|
| gdp | 0.065 | -0.143 | 0.149 | 1.392 | 0.164 |

Geary's c

| Variables | c | E(c) | sd(c) | z | p-value* |
|---|---|---|---|---|---|
| gdp | 0.782 | 1.000 | 0.147 | -1.490 | 0.136 |

Getis & Ord's G

| Variables | G | E(G) | sd(G) | z | p-value* |
|---|---|---|---|---|---|
| gdp | 0.658 | 0.607 | 0.050 | 1.030 | 0.303 |

*2-tail test

图 4.6　湘西地区与西部地区的全局自相关分析结果

Measures of local spatial autocorrelation

Weights matrix

Name: W
Type: Imported (binary)
Row-standardized: No

Moran's Ii (gdp)

| Location | Ii | E(Ii) | sd(Ii) | z | p-value* |
|---|---|---|---|---|---|
| 1 | 0.536 | -0.714 | 1.341 | 0.932 | 0.351 |
| 2 | -0.665 | -0.571 | 1.400 | -0.067 | 0.947 |
| 3 | 0.605 | -0.714 | 1.341 | 0.984 | 0.325 |
| 4 | 0.484 | -0.714 | 1.341 | 0.894 | 0.372 |
| 5 | -0.276 | -0.429 | 1.364 | 0.112 | 0.911 |
| 6 | -0.049 | -0.571 | 1.400 | 0.373 | 0.709 |
| 7 | 0.107 | -0.714 | 1.341 | 0.612 | 0.541 |
| 8 | 1.470 | -0.429 | 1.364 | 1.392 | 0.164 |

*2-tail test

图 4.7　湘西地区与西部地区的局部莫兰指数分析结果

图中 Location 1 表示张家界、Location 2 表示湘西州、Location 3 表示怀化、Location 4 表示邵阳、Location 5 表示恩施州、Location 6 表示秀山、Location 7 表示铜仁、Location 8 表示桂林。根据图 4.6 所示，三个全局空间自相关指标均显示该区域存在空间自相关。图 4.7 是综合通道区域内局部各城市的空间相关性，从分析结果可知，湘西州属于空间负相关，张家界、怀化、邵阳属于空间正相关。以上结果表明：连接西部地区的区域综合运输通道在张家界、怀化和邵阳地区对资本流入和消费水平提高的影响大于对劳动力流出和人口规模减少的影响；连接西部地区的区域综合运输通道在湘西州地区对劳动力流出和人口规模减少的影响大于对资本流入和消费水平提高的影响。此时，如果增加湘西州地区与西部地区的综合运输通道数量，该地区的局部莫兰指数 $I$ 将变为正相关，如图 4.8 和图 4.9 所示。

Weights matrix

Name: W
Type: Imported (binary)
Row-standardized: No

Moran's I

| Variables | I | E(I) | sd(I) | z | p-value* |
|---|---|---|---|---|---|
| gdp | 0.169 | -0.143 | 0.132 | 2.363 | 0.018 |

Geary's c

| Variables | c | E(c) | sd(c) | z | p-value* |
|---|---|---|---|---|---|
| gdp | 0.650 | 1.000 | 0.131 | -2.669 | 0.008 |

Getis & Ord's G

| Variables | G | E(G) | sd(G) | z | p-value* |
|---|---|---|---|---|---|
| gdp | 0.663 | 0.679 | 0.051 | -0.305 | 0.760 |

*2-tail test

图 4.8　增加通道后湘西地区与西部地区的全局自相关分析结果

Measures of local spatial autocorrelation

Weights matrix

Name: W
Type: Imported (binary)
Row-standardized: No

Moran's Ii (gdp)

| Location | Ii | E(Ii) | sd(Ii) | z | p-value* |
|---|---|---|---|---|---|
| 1 | 0.536 | -0.714 | 1.341 | 0.932 | 0.351 |
| 2 | 0.738 | -0.857 | 1.174 | 1.358 | 0.174 |
| 3 | 0.605 | -0.714 | 1.341 | 0.984 | 0.325 |
| 4 | 0.484 | -0.714 | 1.341 | 0.894 | 0.372 |
| 5 | 1.571 | -0.571 | 1.400 | 1.531 | 0.126 |
| 6 | 0.900 | -0.714 | 1.341 | 1.204 | 0.229 |
| 7 | 0.107 | -0.714 | 1.341 | 0.612 | 0.541 |
| 8 | 1.470 | -0.429 | 1.364 | 1.392 | 0.164 |

*2-tail test

图 4.9　增加通道后湘西地区与西部地区的局部莫兰指数分析结果

## 4.3　综合运输通道的空间效应分析

### 4.3.1　综合运输通道的网络性和外部性

1. 网络性

区域综合运输通道是由多种交通运输方式组成的网络基础设施，实现区域内城市与城市之间的连通以及区域各城市与区域外部的连通，促进了人、财、物在城市与城市之间，区域与区域之间的流动，因此，区域综合运输通道形成的网络基础设施是区域经济发展的“大动脉”。区域综合运输通道的网络特性具有以下特点：

(1)生产要素的空间聚集与扩散需要通过区域综合运输通道实现城市之间、区域之间的经济联系。在区域经济活动中，想要实现城市之间、区域之间的经济联系，必须以区域综合运输通道网络以及信息网络为依托。

(2)区域综合运输通道是区域内外联系系统的空间形式。城市之间、区域之间以及城市区域之间各种有序的生产和非生产的交往关系构成了区域综合运输通道运行的基础，具体表现为经济和文化方面在区域之间、区域内城市之间、区域内外的企业之间以及人与人之间的联系。这个系统是区域综合运输通道形成的实质内容，而区域综合运输通道是该系统的空间形式。

(3)空间联系的组织是区域综合运输通道的表现形式。主要有两种形式：一是负责多层次、多形式的区域经济发展管理和综合运输通道规划建设的相关政府管理机构；二是为完善区域经济联系所形成的贸易、运输和各种要素流动的市场机制。

2. 外部性

外部性是区域综合运输通道等基础设施的基本属性，区域综合运输通道的外部性主要源于构成通道的各类型交通基础设施的公共服务属性。区域综合运输通道不但具有经济效益，还具有很强的社会效益，其运输服务定价并不能完全采用市场手段，其供求关系不能完全通过运输服务的价格来决定，因此，必须是政府以提供公共服务为主、以投资回报为辅来进行投资、建设和运营。

区域综合运输通道的外部性主要表现在社会发展层面与经济发展层面上。在社会发展层面上，区域综合运输通道的外部性对社会及经济的影响有正有负。区域综合运输通道可以缩短企业运输时间，降低企业运输成本，可以缩短个人出行时间，降低个人出行成本；但区域综合运输通道的建设对区域的自然与人文环境造成一定的破坏。在经济发展层面上，区域综合运输通道的外部性就是其空间溢出效应。由于区域综合运输通道的公共服务属性，使得本区域与外部其他区域的经济活动越来越频繁，促进本地区的优势资源向外扩张，同时显示出本区域的竞争优势，吸引更多的投资，区域间的经济差距会随着通道的形成而缩小，此时区域综合运输通道表现为正的溢出效应。但是，区域综合运输通道改善了区域内各城市与区域外的联系，使得区域内的人、财、物等资源能够更加方便地流向区域外部。当区域综合运输通道所连通的外部区域具有较大的竞争优势时，通道将促使本区域内生产要素向区域外流动，从而将影响区域经济的发展，甚至导致区域经济衰退。此时，区域综合运输通道对于本区域的经济发展呈现出负的溢出效应。

### 4.3.2 空间效应模型的构建

根据前面分析，随着区域经济的发展，区域综合运输通道对区域经济增长的作用将发生变化，这主要是由于区域综合运输通道的网络性和外部性造成的空间效应，本研究通过构建空间效应模型来定量分析区域综合运输通道所造成的区域空间效应。

首先，根据空间自回归模型（SAR）和空间误差模型（SEM）构建带空间自回归误差项的空间自回归模型（SARAR）。

$$y=\lambda \boldsymbol{WY}+\boldsymbol{\beta X}+u \tag{4.23}$$

其中：$u$ 为扰动项，$\boldsymbol{W}$ 为区域综合运输通道所连接城市的空间权矩阵，$\lambda$ 为空间自回归系数，$\boldsymbol{Y}$ 为通道内部区域各城市和通道某一方向上相连接的各城市的 GDP，$\boldsymbol{X}$ 为区域综合运输通道各种运输方式企业的资源投入，$\boldsymbol{\beta}$ 为相应系数。

$$u=\rho \boldsymbol{W} u+\varepsilon,\varepsilon \sim N(0,\sigma^2 I_n) \tag{4.24}$$

$$\boldsymbol{\beta X}=\sum_{i=1}^{8}\beta_i x_i \tag{4.25}$$

其中，$i=1,2,\cdots,5,6$，分别表示公路客运、公路货运、铁路客运、铁路货运、水路客运、水路货运。通过模型可以分析区域综合运输通道中各种运输方式企业资源投入对于通道不同方向上的区域经济的效应。

然后，根据面板数据深入分析各个时期区域综合运输通道、区域投资和劳动力等对区域经济的影响，了解区域经济社会发展与区域综合运输通道在时空二维的变化规律。

为分析区域综合运输通道对区域经济的效应，根据古典增长理论以及新增长理论，本研究构建了一个包含区域综合运输通道变量的空间面板模型，将区域综合运输通道所连接的外部区域分为不同方向，将通道不同方向上区域内各城市为独立实体、资本投入、劳动力以及区域综合运输通道的客运资源和货运资源投入引入模型之中。

$$y_{it}=\rho \boldsymbol{w}'_i \boldsymbol{y}_t+\boldsymbol{X}'_{it}\boldsymbol{\beta}+u_i+\varepsilon_{it} \tag{4.26}$$

$$\boldsymbol{w}'_i \boldsymbol{y}_t=\sum_{j=1}^{n} w_{ij} y_{jt} \tag{4.27}$$

$$\boldsymbol{X}'_{it}\boldsymbol{\beta}=\sum_{n=1}^{6} x_n^{it}\beta_n \tag{4.28}$$

其中，$y_{it}$ 表示区域综合运输通道内城市 $i$ 在 $t$ 年的 GDP，$\boldsymbol{w}'_i$ 表示区域综合运输通道所构成的空间权重矩阵的第 $i$ 行，$n$ 表示通道区域内城市的数量，$\boldsymbol{X}'_{it}$ 表示城市 $i$ 在 $t$ 年的资本投入、劳动力、区域综合运输通道在某方向上的货运资源投入和客运资源投入，$\boldsymbol{\beta}$ 表示相应的系数向量。

### 4.3.3 实证分析

本书以湖南省怀化市、张家界市、邵阳市和湘西州的区域综合运输通道为例。

首先，建立湘西州、怀化、张家界、邵阳与东部城市常德、衡阳、娄底带空间自回归误差项的空间自回归模型(SARAR)。本书采用的分析工具为 Stata12.0，分析结果如图 4.10 和图 4.11 所示。

Spatial autoregressive model　　　　Number of obs = 20
(Maximum likelihood estimates)　　　Wald chi2(3) = 18.3237
　　　　　　　　　　　　　　　　　　Prob > chi2 = 0.0004

| gdp | Coef. | Std. Err. | z | P>\|z\| | [95% Conf. Interval] | |
|---|---|---|---|---|---|---|
| **gdp** | | | | | | |
| log | 1.807798 | 8.73437 | 0.21 | 0.836 | -15.31125 | 18.92685 |
| rpt | 3.947074 | 10.09131 | 0.39 | 0.696 | -15.83152 | 23.72567 |
| rtp | 4.471419 | 2.048658 | 2.18 | 0.029 | .4561221 | 8.486715 |
| _cons | 134.2894 | 63.86276 | 2.10 | 0.035 | 9.120689 | 259.4581 |
| **lambda** | | | | | | |
| _cons | -.0251956 | .0808143 | -0.31 | 0.755 | -.1835887 | .1331976 |
| **rho** | | | | | | |
| _cons | .1964545 | .0766518 | 2.56 | 0.010 | .0462198 | .3466892 |
| **sigma2** | | | | | | |
| _cons | 10411.07 | 3498.652 | 2.98 | 0.003 | 3553.836 | 17268.3 |

**图 4.10　与东部城市连接的区域综合运输通道 MLE 估计的结果**

Spatial autoregressive model (GS2SLS estimates)　　Number of obs = 20

| gdp | Coef. | Std. Err. | z | P>\|z\| | [95% Conf. | Interval] |
|---|---|---|---|---|---|---|
| **gdp** | | | | | | |
| log | -4.411409 | 8.740796 | -0.50 | 0.614 | -21.54305 | 12.72024 |
| rpt | 8.881741 | 6.030478 | 1.47 | 0.141 | -2.937778 | 20.70126 |
| rtp | 3.300781 | 2.973968 | 1.11 | 0.267 | -2.528088 | 9.129651 |
| _cons | 28.10845 | 37.84533 | 0.74 | 0.458 | -46.06704 | 102.2839 |
| **lambda** | | | | | | |
| _cons | .1386386 | .0523392 | 2.65 | 0.008 | .0360558 | .2412215 |

**图 4.11　与东部城市连接的区域综合运输通道 GS2SLS 估计的结果**

其中：*log* 表示区域综合运输通道上货运企业的资源投入（主要是公路货运企业），*rpt* 表示区域综合运输通道上公路客运企业的资源投入（主要是公路客运班线数量），*rtp* 表示区域综合运输通道上铁路客运企业的资源投入（主要是客运列车班次）。使用 MLE 估计，空间误差系数为 0.196，且在 5%水平上显著；使用 GS2SLS 估计，空间自回归系数为 0.139，且在 1%水平上显著。从估计结果可知，湘西州、怀化、张家界、邵阳与东部城市常德、衡阳、娄底的区域综合运输通道和通道上运输企业资源投入影响区域经济的增长，而且基本都是促进区域经济发展。由于湘西州、怀化、张家界和邵阳与东部城市的经济发展水平有一定差距，该地区工业生产能力有限，输出的物资远远少于输入的物资，导致货运企业的资源投入对区域经济增长有限，因此，在 GS2SLS 的估计结果中，货运资源投入的系数为负值。整体的估计结果表明，与东部地区相关的区域综合运输通道表现为正的溢出效应，这也表明这部分区域综合运输通道的基础设施比较完善，暂时不需要大规模地建设新的公路、铁路等交通基础设施。

其次，建立湘西州、怀化、张家界、邵阳与西部城市恩施、铜仁、秀山、桂林和玉屏等带空间自回归误差项的空间自回归模型(SARAR)，分析结果如图 4.12 和图 4.13 所示。

Spatial autoregressive model (Maximum likelihood estimates)　　Number of obs = 21　Wald chi2(3) = 87.4764　Prob > chi2 = 0.0000

| gdp | Coef. | Std. Err. | z | P>\|z\| | [95% Conf. | Interval] |
|---|---|---|---|---|---|---|
| **gdp** | | | | | | |
| log | 2.022519 | 3.058883 | 0.66 | 0.508 | -3.972783 | 8.01782 |
| rpt | 12.08339 | 2.570427 | 4.70 | 0.000 | 7.045449 | 17.12134 |
| rtp | -.0819389 | 1.35098 | -0.06 | 0.952 | -2.729811 | 2.565933 |
| _cons | 72.79253 | 32.77266 | 2.22 | 0.026 | 8.559296 | 137.0258 |
| **lambda** | | | | | | |
| _cons | -.0936004 | .061584 | -1.52 | 0.129 | -.2143029 | .027102 |
| **rho** | | | | | | |
| _cons | .1514792 | .0771234 | 1.96 | 0.050 | .0003202 | .3026382 |
| **sigma2** | | | | | | |
| _cons | 2249.425 | 725.2851 | 3.10 | 0.002 | 827.8926 | 3670.958 |

**图 4.12　与西部城市连接的区域综合运输通道 MLE 估计的结果**

Spatial autoregressive model　　Number of obs = 21
(GS2SLS estimates)

| gdp | Coef. | Std. Err. | z | P>\|z\| | [95% Conf. | Interval] |
|---|---|---|---|---|---|---|
| gdp | | | | | | |
| log | 1.736141 | 5.14144 | 0.34 | 0.736 | -8.340896 | 11.81318 |
| rpt | 13.82419 | 4.310096 | 3.21 | 0.001 | 5.376557 | 22.27182 |
| rtp | -.6382307 | 1.450176 | -0.44 | 0.660 | -3.480523 | 2.204062 |
| _cons | 30.12258 | 13.75848 | 2.19 | 0.029 | 3.156453 | 57.08871 |
| rho | | | | | | |
| _cons | .1352739 | .0649895 | 2.08 | 0.037 | .0078968 | .262651 |

**图 4.13　与西部城市连接的区域综合运输通道 GS2SLS 估计的结果**

使用 MLE 估计，空间误差系数为 0.151，且在 5%水平上显著；使用 GS2SLS 估计，空间误差系数为 0.135，且在 5%水平上显著。从估计结果可知，湘西州、怀化、张家界、邵阳与恩施、铜仁、秀山、桂林的区域综合运输通道和通道上运输企业资源投入影响区域经济的增长，其中货物运输和公路客运的系数均表现为正的溢出效应。这也表明这部分城市间的区域综合运输通道公路运输基础设施比较完善，湘西州、怀化、张家界、邵阳与恩施、铜仁、秀山、桂林的经济差距较小，物料的输入输出处于平衡状态。而铁路客运系数表现为负的溢出效应，主要是因为与西部城市连接的区域综合运输通道中铁路基础设施还不够完善，区域内很多城市没有铁路运输通道经过。

再次，分别建立湘西州、怀化、张家界、邵阳与东西部城市的空间面板模型，利用随机效应模型（REM）和固态效应模型（FEM）进行估计，结果如表 4.6 和表 4.7 所示。

**表 4.6　区域综合运输通道东部方向固态效应和随机效应模型的估计结果**

| 变量 | 面板数据 | | 检验结果 |
|---|---|---|---|
| | 固态效应 | 随机效应 | |
| 通道货运资源投入 | −0.654 9 | −1.082 5 | 豪斯曼统计（Huasman）检验结果：chi2(4)=−62.3 |
| $Z$ 检验值 | −1.35 | −3.79 | |
| 通道客运资源投入 | 0.741 1 | 0.463 9 | |
| $Z$ 检验值 | 2.12 | 1.4 | |
| 各城市的固定投资 | 0.560 6 | 0.901 8 | |
| $Z$ 检验值 | 2.91 | 11.1 | |
| 各城市的劳动力 | −1.095 2 | 0.535 7 | |
| $Z$ 检验值 | −1.06 | 4.2 | |
| 常数项 | 1.120 6 | 1.566 2 | |
| $Z$ 检验值 | 1.06 | 1.23 | |

由表 4.6 可见，豪斯曼统计量为负数，可以接受随机效应的原假设。因此，区域综合运输通道东部方向上的面板数据模型为：

$$\ln GDP_{it} = 1.566 - 1.082 n log + 0.464 \ln pt + 0.902 \ln tz + 0.536 \ln lgl \quad (4.29)$$

其中：$log$ 表示通道货运资源投入，$pt$ 表示通道客运资源投入，$tz$ 表示各城市的固定投资，

*lgl* 表示各城市的劳动力。

从结果可知，区域综合运输通道东部方向上投资、通道客运资源投入、货运资源投入和劳动力对 GDP 的弹性分别为 0.902、0.464、－1.082、0.536。从面板数据模型可以看出：区域综合运输通道在东部方向上的客运资源投入促进区域经济增长，但是货运资源投入却不能促进经济增长；投资和劳动力的投入仍然可以有效促进区域经济增长。

**表 4.7　区域综合运输通道西部方向固态效应和随机效应模型的估计结果**

| 变量 | 面板数据 | | 检验结果 |
|---|---|---|---|
| | 固态效应 | 随机效应 | |
| 通道货运资源投入 | 0.409 4 | 0.289 6 | 豪斯曼统计(Huasman)检验结果：chi2(4)＝－52.3 |
| Z 检验值 | 0.19 | 1.35 | |
| 通道客运资源投入 | 0.132 1 | 0.350 7 | |
| Z 检验值 | 0.52 | 1.68 | |
| 各城市的固定投资 | 0.596 5 | 0.708 5 | |
| Z 检验值 | 5.92 | 6.08 | |
| 各城市的劳动力 | 1.701 7 | －0.006 3 | |
| Z 检验值 | 1.38 | －0.05 | |
| 常数项 | 0.869 | 2.16 | |
| Z 检验值 | 0.756 | 3.62 | |

由表 4.7 可见，豪斯曼统计量为负数，可以接受随机效应的原假设。因此，区域综合运输通道西部方向上的面板数据模型为：

$$\ln GDP_{it} = 2.160 + 0.290\ln log + 0.351\ln pt + 0.708\ln tz - 0.006\ln lgl \quad (4.30)$$

从结果可知，区域综合运输通道西部方向上投资、通道客运资源投入、货运资源投入和劳动力对 GDP 的弹性分别为 0.708、0.351、0.290、－0.006。从面板数据模型可以看出：区域综合运输通道在西部方向上的运输资源投入，均能促进区域经济增长；投资仍然是区域经济增长的第一动力；劳动力投入对区域经济的促进作用减弱。

## 4.4　本章小结

本章研究内容证明，综合运输通道对区域经济既有促进作用又有抑制作用。首先，通过灰色关联分析证明，与综合运输通道相关的因素对区域经济增长有较大影响。其次，研究不同方向上综合运输通道的作用，并通过空间自相关和空间效应分析证明：当综合运输通道所连接区域的经济发展水平相当时，通道有利于区域经济的发展，运输企业在通道的投入也是有效的；反之，通道对经济发展较弱地区的负面影响较大，运输企业在通道的投入效果较差。

# 第五章　综合运输通道内部供需均衡分析

区域综合运输通道形成后期，构成通道的路段和节点城市由多种运输方式组成，由于区域综合运输通道覆盖的范围在200～500公里以内，一般运输需求由单一运输方式完成运输，因此，本章主要分析通道运输内部运输方式的选择，研究运输结构对通道内部运输供给的影响。

## 5.1　综合运输通道内部运输方式需求分布研究

区域综合运输通道内的运输需求在选择运输方式时，除了受经济环境和自身因素影响以外，通道内部不同运输方式的运输企业的资源配置和供给也起到重要的影响作用。研究表明，出行率、时间和目的地影响客运出行模式的选择[93]。货运方式选择的主要影响因素包括运输时间、成本、班次频率、安全、可靠性和反应能力[94-95]。

### 5.1.1　综合运输通道内部需求影响因素分析

运输需求影响因素主要是指运输费用、运输时间、便捷程度、服务质量。

1. 运输费用

运输费用是整个运输过程中，运输需求客户为实现位移而支付给运输劳务生产者和运输基础设施提供者的全费用。对于运输需求客户来说，它包括客户在运输过程中产生的运输费用和其他费用。运输费用即运输服务价格，它是运输服务提供商向运输需求客户收取的费用，它对运输需求客户的影响较大，尤其是工业生产性的客货运需求。运输费用一方面反映了运输服务提供商的生产成本和盈利水平，也是对区域内各路段和节点城市交通基础设施的投资效益的反映；另一方面是运输需求客户选择运输服务方式的主要依据之一，在一定程度上对协调区域综合运输通道内各运输方式之间的竞争关系起到一定的作用。

2. 运输时间

运输时间是整个运输过程中，运输需求客户为实现运输而在运输工具和运输基础设施上所花费的时间。对于运输需求客户来说，它包括客户在运输路段上花费的时间和在节点城市的运输枢纽上花费的时间。运输路段上的时间主要取决于运输工具的速度和拥挤情况下的等待时间；运输枢纽上的时间主要取决于运输枢纽的输送能力。运输时间对于运输需求客户的影响较大，特别是商业贸易型的客货运输需求和享受型客货运输需求。运输时间一方面反映了运输服务提供商的生产效率水平，也是对区域内各路段和节点城市交通基础设施能力的反映；另一方面也是运输需求客户选择运输服务方式的主要依据之一。

3. 便捷程度

从客运需求分析，便捷程度是指乘客在完成整个运输过程中换乘不同交通工具的频率，因为每次换乘，乘客必须步行一段距离，这不但消耗乘客的体力还要花费一定的时间，甚至带来一定的安全隐患，这也是客运需求乘客选择运输服务方式的依据之一。从货运需求分析，便捷程度是指货物在完成整个运输过程中换乘不同运输工具的频率，因为每次货物换乘运输工具，必须通过一次装卸搬运，这不但需要花费比客运换乘更长的时间，而且会产生装卸搬运的费用，同时，在装卸搬运过程中会造成部分货物的损坏，因此，货运需求客户在选择运输服务方式时更加重视运输的便捷程度。

4. 服务质量

从客运需求分析，服务质量主要包括三个方面。首先，旅客希望自己到达车站就能马上出发，因此客运班线的发车频率就成为客运服务质量的考核指标之一；其次，旅客搭乘上运输工具之后，都希望客运班线能在规定的时间到达目的地，因此班线的准点率成为客运服务质量的第二考核指标；最后，旅客希望在全部运输过程中，除了由于不可抗拒的天灾和旅客本身的机能无法防止的意外，不能出现其他各种形式的安全事故，客运安全是对客运生产的基本要求之一，也是客运服务质量的重要指标。

从货运需求分析，服务质量主要也包括四个方面。首先，货运需求客户要求从接收货物直至货物到达目的地时，仍然保持原有完好状态，因此，货物完好率是货运服务质量的首要考核指标；其次，货运需求客户要求在某段时间内准时将货物送至目的地，因此，准时到货率是货运服务质量的第二考核指标；再次，货运需求客户要求货物在到达目的地时不要发生货物丢失，因此，缺货率是货运服务质量的第三考核指标；最后，货运需求客户要求货物在中转装卸搬运过程中不出现货物的损坏，因此，装卸搬运机械化是货运服务质量的第四考核指标。

### 5.1.2 综合运输通道内部运输方式效用函数分析

随着区域综合运输通道的形成和发展，区域综合运输通道内部的运输方式越来越多，因此，即货运客户和旅客的选择机会越来越大。货运客户和旅客根据自身的情况以及对于运输和出行的需要，结合区域综合运输通道内各种运输方式的经济技术特点，选择一种符合自身需求的通道内运输方式。这里采用效用理论，即货运客户和旅客在特定的条件下，选择对其出行效用最大的通道内运输方式。本书从运输供给的运输费用、运输快速性、便捷程度、服务质量这四个特性指标考虑，研究区域综合运输通道内部各种运输方式的效用函数。

1. 运输费用

运输费用是指货运客户和旅客接受其选择通道内每一种运输方式的运输服务所需要支付的总费用。按照通道内传统的公路、铁路、水路和航空四种运输方式进行运输，运输总费用包括：起讫点城市公、铁、水和航空运输枢纽之间的运输费用；运输需求客户到达起点城市运输枢纽的运输费用，这里称为起点运输费用；运输需求客户从讫点运输枢纽到达需求目的地的运输费用，这里称为终点运输费用。起点和终点运输均属于城市内部运输，客运属于城市公交，货运属于城市物流配送。城市公交包括公交车、出租车、网络约租车和地铁，城市物流配送主要是轻型货车（1.8～6 t）和微型货车（小于 1.8 t）。

$$p_k = \frac{\sum_{i=1}^{n} F_k^i}{\sum_{i=1}^{n} l_k^i} \tag{5.1}$$

$$F_k = f_k \times L_k + f_o \times l_o + f_d \times l_d \tag{5.2}$$

$$f_{o/d}^{p} = \alpha_{\text{bus}} \times f_{\text{bus}} + \alpha_{\text{taxi}} \times f_{\text{taxi}} + \alpha_{\text{car}} \times f_{\text{car}} + \alpha_{\text{subway}} \times f_{\text{subway}} \tag{5.3}$$

$$f_{o/d}^{g} = \beta_{\text{truck}} \times f_{\text{truck}} + \beta_{\text{mpv}} \times f_{\text{mpv}} \tag{5.4}$$

其中：$p_k$ 表示运输通道内第 $k$ 种运输方式的单位运输费用；$n$ 表示通道运输路段的数量；$l_k^i$ 表示第 $k$ 种运输方式第 $i$ 路段的运输距离；$F_k^i$ 表示第 $k$ 种运输方式第 $i$ 路段的运输费用；$f_k$ 表示起讫点城市之间第 $k$ 种运输方式的单位运输价格；$f_o$ 表示起点城市内部运输价格；$f_d$ 表示终点城市内部运输价格；$f_{\text{bus}}$、$f_{\text{taxi}}$、$f_{\text{car}}$、$f_{\text{subway}}$ 分别表示城市公交、出租车、网约车和地铁的单位运输价格；$a_{\text{bus}}$、$a_{\text{taxi}}$、$a_{\text{car}}$、$a_{\text{subway}}$ 分别表示城市公交、出租车、网约车和地铁的出行比例；$f_{\text{truck}}$、$f_{\text{mpv}}$ 分别表示轻型货车和微型货车的单位运输价格，$\beta_{\text{truck}}$、$\beta_{\text{mpv}}$ 分别表示城市轻型货车和微型货车的运输比例。

2. 运输快速性

本研究将货物和旅客在节点城市前往运输枢纽所消耗的时间考虑在内，把这部分时间和运输工具在区域运输通道内的行驶时间之和作为衡量运输时间的指标，货物的运输时间是指货物从装车起到卸货前的这部分时间，旅客的运输时间是指旅客从起点登上交通工具起到终点下交通工具的这部分时间。

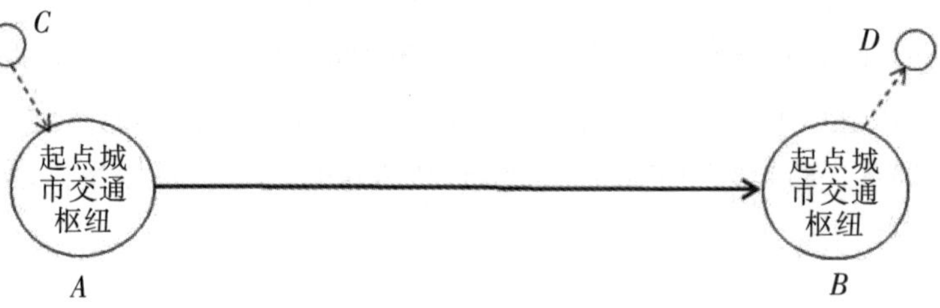


图 5.1　运输需求的运输过程示意图

图中，$C$ 表示旅客或者货运客户的起点，$D$ 表示旅客或者货运客户的终点，$A$ 表示旅客或者货运客户起点城市的交通枢纽，$B$ 表示旅客或者货运客户终点城市交通枢纽。从图中可以看出，$A$ 至 $B$ 表示区域运输通道内的行驶时间，$C$ 至 $A$、$B$ 至 $D$ 表示旅客或者货运客户城市内部消耗的行驶时间。

用 $T_k$ 表示第 $k$ 种运输方式的运输快速性，其计算公式如下：

$$T_k = 1/\left(\frac{L_k}{V_k} + \frac{l_o}{v_o} + \frac{l_d}{v_d}\right) \times F(T)_{OD} \tag{5.5}$$

式中：$L_k$ 表示第 $k$ 种运输方式的通道运输距离，即从 $A$ 到 $B$ 的距离；$V_k$ 表示第 $k$ 种运输方式的通道形式速度；$l_o$ 表示旅客或货运客户选择第 $k$ 种运输方式时从起点至城市交通枢纽的距离，即 $O$ 至 $A$ 的距离；$l_d$ 表示旅客或货运客户选择第 $k$ 种运输方式时从城市交通枢纽至终点的距离，即 $B$ 至 $D$ 的距离；$v_o$ 表示起点城市内的交通运输速度；$v_d$ 表示终点城市内的交通运输速度；$F(T)_{OD}$ 表示从起点到终点旅客和货运客户的运输时间价值。

根据生产法计算区域旅客和货运客户的运输时间价值，其计算公式如下：

$$F(T)_i = \frac{\mathrm{GDP}_i}{T_i \times P_i} \tag{5.6}$$

式中：GDP 表示所在城市的国民生产总值；$P$ 表示所在城市内的人口数量；$T$ 表示所在城市内劳动者的年平均劳动时间。

$$F(T)_{OD} = \frac{F(T)_O + F(T)_D}{2} \tag{5.7}$$

3. 便捷程度

本研究将旅客和货运客户所选择的运输方式中上下车和装卸搬运货物时间以及旅客和货运客户在交通运输枢纽所消耗的时间价值作为衡量便捷程度的标准，旅客和货运客户所消耗的时间价值越低，便捷程度就越高。

$$B_k = \frac{1}{(t_{k1} + t_{k2} + t_{k3}) \times F(T)_{OD}} \tag{5.8}$$

式中：$t_{k1}$ 和 $t_{k2}$ 分别表示旅客和货运客户选择第 $k$ 种运输方式时旅客上下车和货物装卸搬运的平均时间；$t_{k3}$ 表示旅客和货运客户选择第 $k$ 种运输方式时运输工具排队等候的平均时间。

4. 服务质量

服务质量主要从区域综合运输通道内各种运输方式的运输安全性和运输舒适性两个方面分析。

首先是运输安全性，用 $A_k$ 表示。运输的安全性随运输事故的增加而降低，统计运输通道中各种运输方式发生运输事故的次数，将发生运输事故最少的运输方式的运输安全性设为 1，其他运输方式的运输安全性则是发生运输事故最少的运输方式的事故数量与该运输方式发生运输事故数量的比值。

$$A_k=\begin{cases}1, & tr_k \leqslant TR_{\min} \\ \dfrac{TR_{\min}}{tr_k}, & tr_k > TR_{\min}\end{cases} \tag{5.9}$$

式中：$TR_{\min}$ 表示运输通道中发生运输安全事故最少的运输方式发生事故的概率，$tr_k$ 表示运输通道中第 $k$ 种运输方式发生事故的概率。

其次是运输舒适性 $S_k$ 。运输舒适性分为客运舒适性和货运舒适性。客运舒适性是以旅客恢复旅途劳累耽误的时间价值衡量。恢复旅途劳累所耽误的时间越长，消耗的旅客的时间价值越高，则该种运输方式的运输舒适性就越差；恢复旅途劳累所耽误的时间越短，消耗的旅客的时间价值越低，则这种运输方式的运输舒适性越好。旅客在旅行过程中的运输劳累程度随着运输时间的增加而增大。本研究假设旅客恢复运输劳累的最长时间是 15 小时。客运舒适度的计算公式：

$$SP_k=\frac{1}{\left(\dfrac{H}{1+\alpha_k\times e^{-\beta_k\times t_{OD}^k}}\right)\times F(T)_{OD}} \tag{5.10}$$

式中：$SP_k$ 表示运输通道中第 $k$ 种运输方式的客运舒适性；$H$ 表示恢复运输劳累的最长时间；$\alpha_k$ 、$\beta_k$ 为待定系数；$t_{OD}^k$ 表示第 $k$ 种运输方式从 $O$ 点到 $D$ 点的运输时间。

货运舒适性是以货物在运输通道中第 $k$ 种运输方式运输过程中的损坏比例来衡量，运输过程中货物损坏的比例越高，货运舒适性就越低，反之货运舒适性越高。当运输通道中第 $k$ 中运输方式在运输过程中没有发生货物损失时，认为这种运输方式的货运舒适性为 1。根据区域综合运输通道货运情况设置货物运输损失最高比例，当运输通道中第 $k$ 种运输方式在运输过程中发生货物损失的比例等于货运损失最高比例时，认为通道中该种运输方式的货运舒适性为 0。

$$GP_k=\begin{cases}1, & s_k=0 \\ 1-\dfrac{s_k}{S_{\max}}, & 0<s_k<S_{\max} \\ 0, & s_k \geqslant S_{\max}\end{cases} \tag{5.11}$$

式中：$GP_k$ 表示运输通道中第 $k$ 种运输方式的货运舒适性，$s_k$ 表示运输通道中第 $k$ 种运输方式运输过程的货物损失比例，$S_{\max}$ 表示运输通道中运输货物损失比例的最大值。

### 5.1.3 综合运输通道内部运输方式选择分析

旅客和货运客户在区域综合运输通道中选择运输方式主要考虑运输费用、运输快速性、便捷程度和服务质量，其中运输快速性、便捷程度和服务质量主要是由区域综合运输通道内各运输方式硬件和软件设施的技术特征决定。而运输费用与运输快速性、便捷程度和服务质量之间均是正相关关系。当旅客或货运客户选择较低的运输费用时，就不能得到较高的运输快速性、便捷程度和服务质量；当旅客或货运客户要得到较高的运输快速性、便捷程度和服务质量，就必须支付较高的运输费用。本研究在考虑以上因素的情况下，构建旅客或货运客户对区域综合运输通道中运输方式的效用函数。

$$U_k(p_k) = \lambda_k \times e^{\frac{-(p_k)^2 + \sigma_k \times p_k}{\rho_k}} + FBA_k \tag{5.12}$$

式中：$U_k$ 表示旅客或货运客户对运输通道中第 $k$ 种运输方式的效用值，$p_k$ 表示运输通道内第 $k$ 种运输方式的单位运输费用，$\lambda_k$ 、$\sigma_k$ 、$\rho_k$ 为待定参数，$FBA_k$ 表示运输通道中第 $k$ 种运输方式的运输快速性、便捷程度和服务质量等技术特性的量化之和。

$$FBA_k = \theta_1 \times T_k + \theta_2 \times B_k + \theta_3 \times A_k + \theta_4 \times P_k \tag{5.13}$$

式中：$T_k$ 、$B_k$ 、$A_k$ 、$P_k$ 分别表示旅客或货运客户选择第 $k$ 种运输方式时的运输快速性、便捷程度、运输安全性和舒适性；$\theta_1$ 、$\theta_2$ 、$\theta_3$ 、$\theta_4$ 表示运输快速性、便捷程度、运输安全性和舒适性的权重，该权重采用专家决策，通过模糊熵求解得到。

首先，根据旅客或货运客户决策意见得到模糊评价矩阵 $\mathbf{Z} = [a_1, a_2, a_3, a_4]$，其中 $a_1$ 表示专家对运输快速性的期望值，$a_2$ 表示专家对便捷程度的期望值，$a_3$ 表示专家对运输运输安全性的期望值，$a_4$ 表示专家对运输舒适性的期望值。

其次，对矩阵 $\mathbf{Z}$ 进行标准化，将 $b_n (n = 1,2,3,4)$ 作为专家对第 $n$ 种影响因素的关键因子隶属度：

$$b_n = \frac{a_n - \min\{a_1, a_2, a_3, a_4\}}{\max\{a_1, a_2, a_3, a_4\} - \min\{a_1, a_2, a_3, a_4\}} \tag{5.14}$$

最后，构建模糊事件 $\mathbf{Z}$ 的模糊熵模型：

$$H_n = - e \sum_{n=1}^{4} [b_n \ln b_n + (1 - b_n)] \tag{5.15}$$

$$\theta_n = \frac{1 - H_n}{4 - \sum_{n=1}^{4} H_n} \tag{5.16}$$

Logit 模型通过建立运输方式的效用值函数来实现交通方式分担率的预测，运输方式的效用值由前面构建的效用函数确定。Logit 模型的效用函数随机项服从极值分布，其函数表达形式为 ：

$$P_k = \frac{\exp(U_k)}{\sum_{l=1}^{KG} \exp(U_l)} \quad \forall k \in K \tag{5.17}$$

式中：$P_k$ 表示旅客或者货运客户在区域综合运输通道内选择第 $k$ 种运输方式的概率；$U_k$ 表示旅客或货运客户在区域综合运输通道内选择第 $k$ 种运输方式的效用函数。

由于区域运输通道中旅客和货运客户可选择的运输方式不完全相同，因此，在构建模型时，将旅客选择概率和货运客户选择概率分开表示。

$$PG_k = \frac{\exp(UG_k)}{\sum_{l=1}^{KG} \exp(UG_l)} \quad \forall k \in KG \tag{5.18}$$

$$PC_k = \frac{\exp(UC_k)}{\sum_{l=1}^{KC} \exp(UC_l)} \quad \forall k \in KC \tag{5.19}$$

式中：$PG_k$ 表示货运客户在区域综合运输通道内选择第 $k$ 种运输方式的概率，$PC_k$ 表示旅客在区域综合运输通道内选择第 $k$ 种运输方式的概率，$UG_k$ 表示货运客户在区域综合运输通道内选择第 $k$ 种运输方式的效用函数，$UC_k$ 表示旅客在区域综合运输通道内选择第 $k$ 种运输方式的效用函数，$KG$ 表示区域综合运输通道内所有货运运输方式数量，$KC$ 表示区域综合运输通道内所有客运运输方式数量。

利用每个需求客户对于每种运输方式的选择概率，通过 Roulette 算法，模拟区域综合运输通道内部运输需求客户的选择过程，最终可得到区域综合运输通道运输方式需求的分布。

### 5.1.4　实证分析

选取已识别出的 2017 年区域综合运输通道中的 5 条路段进行分析，根据对每个路段 15 位客运客户和 10 位货运客户的现场调研数据进行分析，得到运输快速性、便捷程度、运输安全性和舒适性的权重如表 5.1 所示。

**表 5.1　通道各路段货运客户需求指标权重表**

| | 路段 1 | 路段 2 | 路段 3 | 路段 4 | 路段 5 |
|---|---|---|---|---|---|
| | 张家界一吉首 | 吉首一怀化 | 怀化一邵阳 | 怀化一张家界 | 沅陵一常德 |
| 运输快速性权重 | 8.2 | 8.9 | 8.0 | 8.0 | 8.1 |
| 便捷程度权重 | 6.3 | 6.2 | 6.2 | 8.1 | 9.1 |
| 运输安全性权重 | 8.6 | 8.1 | 9.0 | 8.6 | 8.6 |
| 服务质量权重 | 8.5 | 8.9 | 8.2 | 8.2 | 7.6 |

根据 Logit 模型得到这些路段上的运输方式需求选择概率，利用 Roulette 算法模拟需求选择过程，得到路段各类运输方式的运输量以及所占比例。

表 5.2　通道货运企业运输量分布表

| | 路段 1 | 路段 2 | 路段 3 | 路段 4 | 路段 5 |
|---|---|---|---|---|---|
| | 张家界—吉首 | 吉首—怀化 | 怀化—邵阳 | 怀化—张家界 | 沅陵—常德 |
| RC(铁路货运) | 10.930 842 72 | 14.684 748 96 | 18.918 974 88 | 9.752 677 35 | 0 |
| FC(公路货运) | 75.821 877 28 | 72.724 471 04 | 91.075 065 12 | 35.608 612 65 | 43.659 896 09 |
| TIR(水路货运) | 0 | 0 | 0 | 0 | 17.317 612 41 |

表 5.3　通道货运企业运输量占比分布表

| | 张家界—吉首 | 吉首—怀化 | 怀化—邵阳 | 怀化—张家界 | 沅陵—常德 |
|---|---|---|---|---|---|
| RC(铁路货运) | 0.126 | 0.168 | 0.172 | 0.215 | 0 |
| FC(公路货运) | 0.874 | 0.832 | 0.828 | 0.785 | 0.716 |
| TIR(水路货运) | 0 | 0 | 0 | 0 | 0.284 |

表 5.4　通道客运企业运输量分布表

| | 路段 1 | 路段 2 | 路段 3 | 路段 4 | 路段 5 |
|---|---|---|---|---|---|
| | 张家界—吉首 | 吉首—怀化 | 怀化—邵阳 | 怀化—张家界 | 沅陵—常德 |
| RPC(铁路客运) | 37.867 47 | 57.870 71 | 84.407 47 | 38.585 75 | 0 |
| HPC(公路客运) | 41.023 09 | 55.601 27 | 61.122 65 | 35.617 61 | 53.568 |

表 5.5　通道客运企业运输量占比分布表

| | 张家界—吉首 | 吉首—怀化 | 怀化—邵阳 | 怀化—张家界 | 沅陵—常德 |
|---|---|---|---|---|---|
| RPC(铁路客运) | 0.48 | 0.51 | 0.58 | 0.52 | 0 |
| HPC(公路客运) | 0.52 | 0.49 | 0.42 | 0.48 | 1 |

## 5.2　综合运输通道内部供给均衡研究

### 5.2.1　综合运输通道供给侧决策模型

将运输供给市场分为客运和货运供给市场进行分析，将运输通道内部每种运输方式作为独立的运输供给方进行分析，因此货运市场的供给方 $i$ 包括铁路货运、公路货运、水路货运等，客运市场的供给方 $i$ 包括铁路客运、公路客运。

将运输通道内部节点城市之间的运输作为运输供给的服务 $l$，运输通道内部节点城市之间运输市场总的运输需求量在一段时间为 $Q$，运输供给方 $i$ 根据运输通道情况提供

运输服务 $l$，投入运输资源，其运输能力为 $Q_i^l$，运输供给方 $i$ 满足运输需求方的运输量为 $q_i^l$，为简化模型，设 $q_i^l = Q_i^l$，需求方支付的运输费用为 $w_i^l$，通道内供给方提供运输服务 $l$ 的总运输能力 $Q^l = \sum_{i=1}^{n} Q_i^l$，运输供给方 $i$ 的运营成本 $f_i^l$ 为运输能力 $Q_i^l$ 和运输量 $q_i^l$ 的函数，假设银行的基准利率为 $r_0$，$U_i$ 为供给方 $i$ 的期望收益率，记 $q_i = (q_i^1, \cdots, q_i^t, \cdots, q_i^L)$，$q = (q_1, \cdots, q_t, \cdots, q_n)$。供给方的决策模型为：

$$U_i(q) = \sum_{l=1}^{L} [w_i^l q_i^l - f_i^l(q_i^l) \times (1 + r_0 + R_i)] \tag{5.20}$$

只有当 $U_i \geqslant 0$ 时，运输供给方 $i$ 才会愿意投入；只有当 $U_i < 0$ 时，运输供给方 $i$ 才会减少运输服务投入，并逐渐退出市场。

### 5.2.2 综合运输通道供给侧成本函数

成本函数主要是研究产出与各种资源投入要素之间的关系，本书采用柯布道格拉斯函数（$C$-$D$）构建运输通道内部供给方的成本函数：

$$\ln(C) = f(\ln Q, \ln P, \ln T) = g_0 + \sum_{i=1}^{m} g_i \ln(Q_i) + \sum_{j=1}^{n} g_j \ln(P_j) + \sum_{k=1}^{e} g_k \ln(T_k) \tag{5.21}$$

式中：$C$ 表示供给方的成本，$Q$ 表示供给方的运输能力，$P$ 表示各种要素的价格向量，$T$ 表示运输工具技术变量。由于运输通道基础设施均由政府负责建设，供给方的成本中不包含通道基础设施的投资。运输能力根据各类型运输工具运输的趟数换算。各要素价格包括劳动力价格 $P_1$、燃料价格 $P_2$ 和单位运输量的运输工具价格 $P_3$，劳动力价格根据不同运输工具的供给方的工资水平确定，燃料价格由隔年的平均燃料价格确定。技术变量包括各类型运输工具的运输速度 $T$。因此，具体的成本函数：

$$\ln(C) = g_0 + g_1 \ln(Q_i) + g_2 \ln(P_1) + g_3 \ln(P_2) + g_4 \ln(P_3) + g_5 \ln(T) \tag{5.22}$$

通过对通道区域内铁路运输企业、公路客运企业、公路货运企业和水路货运企业进行调研，得到相关统计数据，通过成本函数的回归模型，最终得到函数相关系数 $g_0$、$g_1$、$g_2$、$g_3$、$g_4$、$g_5$。

### 5.2.3 综合运输通道供给侧均衡分析

运输通道供应市场属于 $n$ 个供给方非合作博弈平衡问题。凸集 $X_i \in R^{n_i}$ 为供给方 $i$ 的运输能力投入决策集合，供给方 $i$ 的效用函数为 $U_i : Q_i \to R$，其中：$Q = Q_1 \times Q_2 \times \cdots \times Q_n$，$q_{-i} = (q_1, \cdots, q_{i-1}, q_{i+1}, \cdots q_n,)$，$q = (q_i, q_{-i})$，$Q_{-i} = Q_1 \times \cdots \times Q_{i-1} \times Q_{i+1} \times \cdots \times Q_n$，$Q = Q_i \times Q_{-i}$。当 $U_i(q_i^*, q_{-i}^*) \geqslant U_i(q_i, q_{-i}^*)$ 成立，则 $q^* = (q_1^*, \cdots, q_n^*)$ 为平衡点。效应函数 $U_i(q)$ 在 $Q$ 上连续可微，则 $q^*$ 为下列变分不等式的解。

$$\langle F(q^*), q-q^* \rangle \geqslant 0 (\forall q \in Q)$$
$$F(q) = -\left(\frac{\partial U_1(q)}{\partial q_1}, \cdots, \frac{\partial U_n(q)}{\partial q_n}\right)^{\mathrm{T}} \tag{5.23}$$

因此，运输通道供给方平衡变分不等式为：

$$\sum_{i=1}^{n}\sum_{l=1}^{L}\left[w_i^l - \frac{\partial f_i^l(q_i^{l*})}{\partial q_i^l} \times (1+r_0+R_i)\right](q_i^l - q_i^{l*}) \geqslant 0 \tag{5.24}$$

采用投影算法求解该变分不等式模型，最终得到综合运输通道内各种运输方式企业处于供给平衡状态的运输能力，当各运输企业按照该运输能力投入运输资源并获得相应市场份额，则各运输方式企业均能获得盈利。

### 5.2.4 实证分析

本研究调研湘西地区某大型公路客运企业、区域公路货运企业和水路货运企业，并通过历年的《全国铁路统计资料汇编》得到相关统计数据。通过回归模型可以得到该运输通道内部各供给方的 $C-D$ 成本函数。铁路客运企业成本函数：

$$\ln(C) = 58.589 + 2.344\ln(Q_i) + 1.034\ln(P_1) + 2.406\ln(P_2) - 7.871\ln(P_3) - 0.456\ln(T) \tag{5.25}$$

铁路货运企业成本函数：

$$\ln(C) = 11.477 + 0.364\ln(Q_i) + 0.557\ln(P_1) - 1.211\ln(P_2) - 1.07\ln(P_3) + 3.154\ln(T) \tag{5.26}$$

公路客运企业成本函数：

$$\ln(C) = -30.304 - 2.303\ln(Q_i) + 0.712\ln(P_1) + 5.745\ln(P_2) - 1.05\ln(P_3) + 3.285\ln(T) \tag{5.27}$$

公路货运企业成本函数：

$$\ln(C) = -3.291 + 0.24\ln(Q_i) + 0.104\ln(P_1) + 1.102\ln(P_2) - 1.41\ln(P_3) + 0.496\ln(T) \tag{5.28}$$

水路货运企业成本函数：

$$\ln(C) = 1.735 - 0.168\ln(Q_i) - 1.14\ln(P_1) + 0.573\ln(P_2) + 0.116\ln(P_3) + 0.132\ln(T) \tag{5.29}$$

选取已识别出的 2017 年区域综合运输通道中的 5 条路段进行分析，用 Matlab 编程求解运输通道平衡模型，得到这些路段上各类型运输企业的供给平衡状态、各供给方的运输量。

表 5.6　通道货运企业运输量分布表

| | 路段 1 | 路段 2 | 路段 3 | 路段 4 | 路段 5 |
|---|---|---|---|---|---|
| | 张家界—吉首 | 吉首—怀化 | 怀化—邵阳 | 怀化—张家界 | 沅陵—常德 |
| RC(铁路货运) | 37.424 255 88 | 33.867 576 38 | 39.938 835 92 | 17.997 091 81 | 0 |
| FC(公路货运) | 49.328 464 12 | 53.541 643 62 | 70.055 204 08 | 27.364 198 19 | 46.987 462 25 |
| TIR(水路货运) | 0 | 0 | 0 | 0 | 13.990 046 25 |

表 5.7　通道客运企业运输量分布表

| | 路段 1 | 路段 2 | 路段 3 | 路段 4 | 路段 5 |
|---|---|---|---|---|---|
| | 张家界—吉首 | 吉首—怀化 | 怀化—邵阳 | 怀化—张家界 | 沅陵—常德 |
| RPC(铁路客运) | 33.383 329 37 | 44.991 640 07 | 78.127 844 92 | 33.896 094 85 | 0 |
| HPC(公路客运) | 45.507 230 63 | 68.480 339 93 | 67.402 275 08 | 40.307 265 15 | 53.568 |

将此结果与 5.1.4 的实证分析结果进行对比可知，如果通道路段运输企业按照表5.6投入运输资源，路段 5 的公路货运企业和铁路货运企业均能获得效益，路段 1、2、3 的铁路货运企业和路段 4 的公路货运企业无法获得效益，而路段 1、2、3 的公路货运企业和路段 4 的铁路货运企业将处于供不应求状态，此时公路货运和铁路货运企业均需要进行运输结构的调整，改变此供需不均衡的状态；路段 1、2、3、4 的公路客运企业和铁路客运企业基本处于供需平衡状态，公路客运企业需要通过模式创新等吸引客运需求。

## 5.3　综合运输通道内部运输结构研究

### 5.3.1　综合运输通道内部运输企业分析

运输通道内部运输企业主要是指在区域综合运输通道内部为客货运输需求客户提供运输工具服务的企业，因此，以下从通道内部客运企业和货运企业两类进行分析。

1. 客运企业

根据目前通道内客运企业仅经营单一的运输方式，可进一步将客运企业分为公路客运企业、铁路客运企业和航空客运企业。由于内河航运的运输时间长，运输舒适程度较低，内河客运的运输需求较少，因此只分析前三种客运企业。

(1)公路客运企业。

20 世纪 90 年代到 21 世纪初，我国大力发展高速公路，截至 2017 年，我国高速公路通车里程达 13.1 万公里，居世界第一。随着我国公路建设的大发展，公路客运企业也随之迅速发展，特别是 20 世纪 90 年代至 21 世纪前十年，公路客运企业承担了 50%以上的长途客运需求。在这一时期，公路客运企业基本都属于国有企业或国有控股企业，其拥有各大城市的客运站场、长途运输车辆以及各条运输线路的牌照。由于公路客运企业属于地方国有企业，按照我国行政区域的分布，基本上每个地级市均设置且仅有一家公路客运企业。两地级市之间的公路客运则由两市的公路客运企业互相对开固定线路班线，车辆大部分均为35座以上的大巴车，而班线收入则由两地公司按一定比例分成，班线运营按照“车进站、人归点、站管车”的模式运营，且班线运营牌照的审批要求具备相应的资质。因此，这一时期公路客运企业基本处于市场垄断地位，市场基本处于供给小于需求的状态。

随着国家对公路运输市场的逐步开放，家用小汽车普及化，客运需求的变化，以及其他客运方式的发展，公路客运市场发生了较大的变化。非固定线路的班线开始出现，公路客运车辆逐步小型化，“车进站、人归点、站管车”的运营模式开始逐渐被打破，基于互联网平台的新型公路客运企业逐步进入公路客运市场，传统公路客运企业由于企业属性和管理模式的限制，部分企业经营出现了困难。

(2)铁路客运企业。

铁路运输属于国家垄断经营的行业，铁路运输企业与公路客运企业不同，其属于客运和货运混业经营的企业，这里暂时只分析铁路客运部分。由于我国一直非常重视铁路网的建设，全国80%的城市都有铁路经过，而且铁路出行受气象的影响较小，安全性较高，运输票价较低，因此20世纪90年代到21世纪初，铁路客运成为长途客运需求的首选；但是由于铁路客运运行时速和铁路线路通过能力的限制，实际的铁路供给能力无法满足客运需求，从而导致铁路客运车辆超载，且乘坐舒适型较差。随着高速铁路的出现，铁路客运逐渐发生变化。随着高速铁路网的逐步完善，铁路客运需求持续增长，铁路客运市场基本处于供求平衡的状态。

在这期间，铁路客运企业由隶属于政府部门的铁道部转变为国有企业性质的国家铁路总公司，地方铁路局也转变为地方铁路集团公司，整个铁路的运营依然是国家垄断的状态。由于铁路客运长期实施的低票价政策，铁路客运企业的利润较低甚至出现亏损，但目前国家大力支持铁路客运业的发展，因此铁路客运企业处于高速发展阶段，占领了大量的客运需求市场。

2. 货运企业

(1)公路货运企业。

20世纪90年代，由于公路客运需求量巨大，国有大型公路运输企业均把经营重心放在公路客运市场，因此公路货运市场逐渐被民营或个体货运企业所取代。目前，通道内部公路运输企业从事的业务内容包括：经营运输站场、提供运输工具和提供供需信息撮合服务。

通道内部公路货运市场没有大型的垄断企业，公路货运企业主要由自营货运车辆、货运业个体户和无车承运人等三类企业组成，市场处于完全竞争状态，市场的准入门槛较低，企业之间的竞争比较激烈。随着社会经济的发展，所需运输的货物对于运输工具有着不同的要求，传统的平板或高栏货车已经不能满足需求，高价值的货物需要箱式货车、冷藏式货车和轿运车等特种运输车辆。公路货运企业必须根据市场需求的变化，随时调整运输服务的产品和价格。

(2)铁路货运企业。

铁路货运企业属于铁路总公司，属于垄断经营的企业。一直以来，铁路货运企业运输的货物绝大部分是煤炭、钢铁和矿石等大宗货物，特别是煤炭("黑货")的运输是铁路货运企业的主要收入来源。随着2012年煤炭市场持续低迷，铁路货运企业开始重视高价值、适度包装的日用快消品和小批量、重量、体积的快递货物的运输服务，铁路货运企业根据市场的需求，简化了铁路货运业务办理的流程。目前，铁路货运企业形成了三种主要的铁路货运形式，首先是运输大宗物资的传统货运列车，其次是利用高铁最早一班的动检车运输快递物资，最后是客运列车加挂的行包车厢。

(3)内河运输企业。

由于公路、铁路和航空运输的发展，内河运输基本以货运为主。在内河运输中，内河港口主要由国有或国有控股企业经营，负责提供运输服务的内河运输企业大部分由中小船东构成，主要船型为300 t、500 t、1 000 t级机动船，运输的货物主要为钢材、煤炭、油料、砂石等大宗物资。

### 5.3.2　运输企业内部运输结构分析

根据前面的分析，区域综合运输通道中，相同的运输方式下有不同的运输工具，例如铁路客运可分为高速铁路和普通铁路，公路客运可分为大巴车和定制班车。区域综合运输通道的运输需求不仅要选择运输方式，还必须选择运输工具。对于运输需求客户，运输工具的不同表现为运输费用和运输服务质量的不同，而运输费用与运输服务质量成正比，所以运输需求在选择运输工具时主要考虑的是运输工具对应的运输费用。因此，可以将客运客户按照消费能力分成高消费客户和低消费客户两类，将货运客户按照运输货物的价值分为高价值货物运输客户和低价值货物运输客户。

客运客户在区域综合运输通道上可选择的运输工具包括大巴、定制班车(网约车或私家车)、普通列车、高速列车、客运飞机等。货运客户在区域综合运输通道上可选择的运输工具包括高栏或平板运输车辆、箱式运输车辆、铁路货运列车、内河货运船舶、货运飞机等。把同类型客户的运输工具归入一组，允许同组内运输分工的方案相关，构成以下树形结构图。

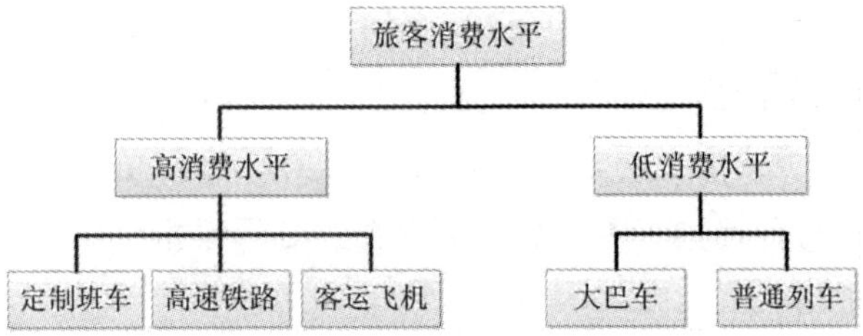


**图 5.2 客运需求决策树形结构**

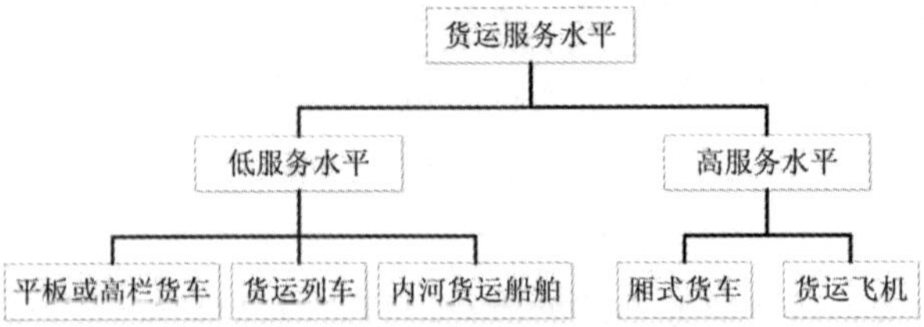


**图 5.3 货运需求决策树形机构**

根据图 5.2 和图 5.3，旅客的消费水平和货运服务水平可视为树形结构的“树根层”，高消费水平和低消费水平、高服务水平和低服务水平可视为“树干层”，大巴、定制班车（网约车或私家车）、普通列车、高速列车、客运飞机、高栏或平板运输车辆、箱式运输车辆、铁路货运列车、内河货运船舶、货运飞机可视为“树枝层”。“树枝层”内部允许扰动项相关，“树干层”之间不相关。

当区域综合运输通道客运客户 $i$ 选择消费水平 $j$ 运输工具 $k$，方案所能带来的效用函数为：

$$U_{jk} = x_{jk} \times \alpha + y_j \times \beta_j + \varepsilon_{jk} \tag{5.30}$$

式中：$U_{jk}$ 表示客户选择消费水平 $j$ 运输工具 $k$ 的效用值，$x_{jk}$ 表示解释变量同时受随消费水平 $j$ 和运输工具的变化，$\alpha$ 为该变量的系数，$y_j$ 表示解释变量只随消费水平 $j$ 的变化，$\beta_j$ 为消费水平 $j$ 的系数，$\varepsilon_{jk}$ 为扰动项。$\varepsilon_{jk}$ 服从广义极值分布(GEV)，其累积分布函数为：

$$F(\varepsilon) = \exp[-G(e^{-\varepsilon_{11}}, \cdots, e^{-\varepsilon_{1k_1}}, \cdots, e^{-\varepsilon_{j1}}, \cdots, e^{-\varepsilon_{jk_j}})] \tag{5.31}$$

$$G(w) = G(w_{11}, \cdots, w_{1K_1}, \cdots, w_{J1}, \cdots, w_{JK_J}) = \sum_{J=1}^{J} (\sum_{k=1}^{K_j} w_{jk}^{1/\tau_j})^{\tau_j} \tag{5.32}$$

其中，参数 $\tau_j = \sqrt{1 - Corr(\varepsilon_{jk}, \varepsilon_{jl})}$，与 $(\varepsilon_{jk}, \varepsilon_{jl})$ 的相关系数呈反向变动的关系。基于以上假设，选择消费水平 $j$ 运输工具 $k$ 的概率为：

$$P_{jk} = p_j \times p_{k|j} = \frac{\exp(y'_j\beta + \tau_j I_j)}{\sum_{m=1}^{J} \exp(y'_m\beta + \tau_m I_m)} \times \frac{\exp(x'_{jk}\alpha_j / \tau_j)}{\sum_{l=1}^{K_j} \exp(x'_{jl}\alpha_j / \tau_j)} \tag{5.33}$$

其中：$p_j$ 为选择消费水平 $j$ 概率，$p_{k|j}$ 为在消费水平 $j$ 的情况下，选择运输工具的条件概率，其中：

$$I_j \equiv \ln\left[\sum_{l=1}^{K_j} \exp(x'_{jl}\alpha_j/\tau_j)\right] \tag{5.34}$$

其中，$I_j$ 称为“包含价值”。

### 5.3.3　实证分析

根据上面的分析，对湘西地区区域综合运输通道范围内的 122 组需求客户进行调查，每组需求客户从大巴车、小汽车（定制班线车辆）、高速列车、普通列车中进行选择。随运输工具变化的解释变量包括运输时间、运输费用、方便程度、服务水平，不随运输工具变化的解释变量包括人均收入水平、出行人数、出行目的。利用 Ststa 计量软件，进行条件 Logit 估计，结果如图 5.4 所示。

Conditional (fixed-effects) logistic regression　　Number of obs = 440
LR chi2(7) = 134.39
Prob > chi2 = 0.0000
Log likelihood = -85.702115　　Pseudo R2 = 0.4395

| choice | Coef. | Std. Err. | z | P>\|z\| | [95% Conf. | Interval] |
|---|---|---|---|---|---|---|
| crh | -4.565851 | 2.724979 | 1.68 | 0.004 | -9.906712 | .7750109 |
| train | -3.270165 | 2.46324 | 1.33 | 0.004 | -8.098027 | 1.557696 |
| bus | -2.505524 | 1.83468 | 1.37 | 0.002 | -6.10143 | 1.090382 |
| time | -.019541 | .0068159 | -2.87 | 0.004 | -.0329 | -.006182 |
| invc | -.0045752 | .006316 | -0.72 | 0.009 | -.0169544 | .007804 |
| conven | .1030466 | .049498 | -2.08 | 0.007 | -.200061 | -.0060322 |
| server | .0148741 | .0269779 | 0.55 | 0.001 | -.0380017 | .0677498 |

图 5.4　条件 Logit 估计结果

图 5.4 显示，如果解释变量运输时间、运输费用、方便程度和服务质量的取值相同，则客运需求客户最有可能选择大巴车出行；运输时间越长、运输费用越高、运输方便程度越低、服务质量越低，选择运输工具的概率越低。

Conditional (fixed-effects) logistic regression　　Number of obs = 440
LR chi2(7) = 134.39
Prob > chi2 = 0.0000
Log likelihood = -85.702115　　Pseudo R2 = 0.4395

| choice | Odds Ratio | Std. Err. | z | P>\|z\| | [95% Conf. | Interval] |
|---|---|---|---|---|---|---|
| crh | .010401 | .0283426 | -1.68 | 0.094 | .0000498 | 2.170616 |
| train | .0380001 | .0936035 | -1.33 | 0.004 | .0003041 | 4.747868 |
| bus | .0816329 | .1497701 | -1.37 | 0.002 | .0022397 | 2.975412 |
| time | .9806487 | .006684 | -2.87 | 0.004 | .9676353 | .993837 |
| invc | .9954352 | .0062872 | -0.72 | 0.009 | .9831885 | 1.007835 |
| conven | .9020849 | .0446514 | -2.08 | 0.007 | .8186809 | .9939859 |
| server | 1.014985 | .0273822 | 0.55 | 0.001 | .9627113 | 1.070098 |

图 5.5　计算风险比率结果

从图 5.5 可知：运输时间的风险比率为 0.98，在其他变量不变的情况下，运输工具的运输时间每增加 1 分钟，则该运输工具被选择的概率将下降 2%；运输费用的风险比率为 0.99，在其他变量不变的情况下，运输费用每增加 1 元，则该运输工具被选择的概率将下降 1%;便捷程度系数(运输中转时间)的风险比率为 0.90,在其他变量不变的情况下,运输中转的时间每增加 1 分钟,则该运输工具被选择的概率将下降 10%;服务质量系数(乘坐舒适程度)的风险比率为 1.02,在其他变量不变的情况下,服务质量系数每增加 1,则该运输工具被选择的概率将增加 2%。由此可以看出,在该运输通道范围内,运输便捷程度对客运需求选择运输工具的影响最大。下面,首先以小汽车为参照组进行混合 Logit 模型估计。

```
Alternative-specific conditional logit         Number of obs      =        440
Case variable: id                              Number of cases    =        110

Alternative variable: mode                     Alts per case: min =          4
                                                              avg =        4.0
                                                              max =          4

                                                  Wald chi2(13)   =      41.21
Log likelihood = -65.272429                       Prob > chi2     =     0.0001
```

| choice | Coef. | Std. Err. | z | P>\|z\| | [95% Conf. | Interval] |
|---|---|---|---|---|---|---|
| **mode** | | | | | | |
| time | -.0196065 | .0073005 | -2.69 | 0.007 | -.0339152 | -.0052977 |
| invc | -.0072987 | .0077995 | -0.94 | 0.009 | -.0225854 | .0079881 |
| conven | -.121997 | .0582332 | -2.09 | 0.006 | -.2361321 | -.0078619 |
| server | .0249442 | .0299492 | 0.83 | 0.005 | -.0337552 | .0836436 |
| **CRH** | | | | | | |
| inc | -.0012902 | .0008525 | -1.51 | 0.130 | -.002961 | .0003806 |
| psize | .4724291 | .4463499 | 1.06 | 0.290 | -.4024006 | 1.347259 |
| tp | 1.451026 | 1.222393 | 1.19 | 0.005 | -.9448203 | 3.846872 |
| _cons | -4.454508 | 5.894788 | -0.76 | 0.000 | -16.00808 | 7.099064 |
| **bus** | | | | | | |
| inc | -.0020584 | .0005374 | -3.83 | 0.000 | -.0031117 | -.0010051 |
| psize | .2406019 | .1880883 | 1.28 | 0.201 | -.1280443 | .6092481 |
| tp | 1.374989 | .5927598 | 2.32 | 0.020 | .2132015 | 2.536777 |
| _cons | 1.518055 | 2.86468 | 0.53 | 0.006 | -4.096616 | 7.132725 |
| **car** | (base alternative) | | | | | |
| **train** | | | | | | |
| inc | -.0030061 | .0006921 | -4.34 | 0.000 | -.0043626 | -.0016496 |
| psize | .0926461 | .2543921 | 0.36 | 0.716 | -.4059533 | .5912455 |
| tp | 1.502487 | .6603707 | 2.28 | 0.023 | .2081846 | 2.79679 |
| _cons | 4.081314 | 3.807886 | 1.07 | 0.004 | -3.382005 | 11.54463 |

**图 5.6  混合 Logit 模型估计 1**

再以火车为参照组进行混合 Logit 模型估计。

```
Alternative-specific conditional logit         Number of obs      =       334
Case variable: id                              Number of cases    =       122

Alternative variable: mode                     Alts per case: min =         2
                                                              avg =       2.7
                                                              max =         4

                                                  Wald chi2(13)   =     31.73
Log likelihood = -37.215574                       Prob > chi2     =    0.0026
```

| choice | Coef. | Std. Err. | z | P>\|z\| | [95% Conf. | Interval] |
|---|---|---|---|---|---|---|
| **mode** | | | | | | |
| time | .0016244 | .0121322 | 0.13 | 0.003 | -.0221542 | .025403 |
| invc | -.0084331 | .0106581 | -0.79 | 0.009 | -.0293226 | .0124565 |
| conven | .0448114 | .0945831 | 0.47 | 0.006 | -.1405681 | .2301909 |
| server | .0056222 | .0805992 | 0.07 | 0.004 | -.1523493 | .1635937 |
| **bus** | | | | | | |
| inc | .0023422 | .0011226 | 2.09 | 0.037 | .000142 | .0045424 |
| psize | .0614153 | .2778012 | 0.22 | 0.825 | -.4830651 | .6058956 |
| tp | .2343064 | .5096698 | 0.46 | 0.646 | -.7646281 | 1.233241 |
| _cons | 10.20391 | 4.552786 | -2.24 | 0.005 | -19.12721 | -1.280614 |
| **car** | | | | | | |
| inc | .0051545 | .0012628 | 4.08 | 0.000 | .0026796 | .0076295 |
| psize | .0788898 | .3472836 | 0.23 | 0.820 | -.6017734 | .7595531 |
| tp | .6576355 | .7576761 | -0.87 | 0.005 | -2.142653 | .8273823 |
| _cons | 20.92343 | 6.27678 | -3.33 | 0.001 | -33.22569 | -8.621161 |
| **crh** | | | | | | |
| inc | .0022571 | .0010992 | 2.05 | 0.000 | .0001027 | .0044114 |
| psize | .3335462 | .3638683 | 0.92 | 0.359 | -.3796225 | 1.046715 |
| tp | 1.24293 | 1.151614 | -1.08 | 0.280 | -3.500051 | 1.014191 |
| _cons | 2.437349 | 7.18725 | -0.34 | 0.735 | -16.5241 | 11.6494 |
| **train** | (base alternative) | | | | | |

**图** 5.7　**混合** Logit **模型估计** 2

将解释变量人均收入水平、出行人数、出行目的包含进来，进行混合 Logit 模型估计。由图 5.7 可知，人均收入水平越高，越不倾向选择大巴车或普通列车作为运输工具，越倾向选择高速列车或者小汽车。出行人数对于运输工具的选择没有显著影响。出行目的越接近商务和旅游的，越倾向选择高速列车或小汽车出行，但是对于大巴车和普通列车没有显著影响。由此可知，区域综合运输通道中影响客运需求选择的主要是人均收入水平。最后进行嵌套 Logit 估计，本书将高速铁路和小汽车出行定义为高消费水平(hc)，将大巴车和普通火车定义为低消费水平(lc)。首先将低消费水平的大巴车作为参照方案，估计结果如图 5.8 所示。

| choice | Coef. | Std. Err. | z | P>\|z\| | [95% Conf. | Interval] |
|---|---|---|---|---|---|---|
| mode | | | | | | |
| time | -.0224413 | .0101934 | -2.20 | 0.028 | -.04242 | -.0024626 |
| invc | -.0129875 | .0073234 | -1.77 | 0.076 | -.0273411 | .0013661 |
| type equations | | | | | | |
| lc | | | | | | |
| psize | 0 | (base) | | | | |
| hc | | | | | | |
| psize | -.1085185 | .156546 | -0.69 | 0.488 | -.4153429 | .198306 |
| mode equations | | | | | | |
| CRH | | | | | | |
| inc | -.000184 | .000815 | -0.23 | 0.821 | -.0017815 | .0014134 |
| _cons | 1.544077 | 3.152303 | 0.49 | 0.624 | -4.634324 | 7.722479 |
| bus | | | | | | |
| inc | 0 | (base) | | | | |
| _cons | 0 | (base) | | | | |
| car | | | | | | |
| inc | .0015004 | .0004353 | 3.45 | 0.001 | .0006472 | .0023536 |
| _cons | -6.401725 | 1.882792 | -3.40 | 0.001 | -10.09193 | -2.711521 |
| train | | | | | | |
| inc | -.0014224 | .0009263 | -1.54 | 0.125 | -.0032378 | .000393 |
| _cons | 4.491766 | 3.219175 | 1.40 | 0.163 | -1.817701 | 10.80123 |

**图** 5.8 **嵌套** Logit **估计结果** 1

图 5.8 的计算结果显示，收入水平越高，越倾向于选择小汽车出行，但是对选择高铁出行无显著影响。因此，综合运输通道内的公路客运企业可根据此结果增加小汽车定制班线运输的投入，满足高消费水平客户的需求。将高消费水平的小汽车作为参照方案，估计结果如图 5.9 所示。

| choice | Coef. | Std. Err. | z | P>\|z\| | [95% Conf. | Interval] |
|---|---|---|---|---|---|---|
| mode | | | | | | |
| time | -.0282805 | .0115366 | -2.45 | 0.014 | -.0508918 | -.0056691 |
| invc | -.0119845 | .007253 | -1.65 | 0.098 | -.0262002 | .0022311 |
| type equations | | | | | | |
| lc | | | | | | |
| inc | -.0015192 | .00038 | -4.00 | 0.000 | -.0022641 | -.0007743 |
| hc | | | | | | |
| inc | 0 | (base) | | | | |
| mode equations | | | | | | |
| CRH | | | | | | |
| psize | .4892492 | .4162787 | 1.18 | 0.240 | -.3266421 | 1.30514 |
| _cons | .8480157 | 1.459433 | 0.58 | 0.561 | -2.01242 | 3.708451 |
| bus | | | | | | |
| psize | .242876 | .1814108 | 1.34 | 0.001 | -.1126826 | .5984347 |
| _cons | 5.988728 | 1.665788 | 3.60 | 0.000 | 2.723843 | 9.253613 |
| car | | | | | | |
| psize | 0 | (base) | | | | |
| _cons | 0 | (base) | | | | |
| train | | | | | | |
| psize | -.1827379 | .3914314 | -0.47 | 0.641 | -.9499294 | .5844536 |
| _cons | 6.884301 | 2.068149 | 3.33 | 0.001 | 2.830804 | 10.9378 |

**图** 5.9 **嵌套** Logit **估计结果** 2

图 5.9 的计算结果显示，出行人数越多，越倾向于选择大巴车出行，但是对选择普通铁路出行无显著影响。因此，综合运输通道内的公路客运企业可根据此结果加大对团体出行客户的关注度，开发团体购票折扣等创新运营模式，满足低消费水平客户的需求。

## 5.4　本章小结

本章研究综合运输通道内部各运输方式和运输企业的平衡发展问题。首先，构建基于需求客户的各运输方式效用函数，通过 Logit 模型分析需求客户的选择，得到需求客户平衡状态下运输通道内部各运输方式运输量占比。其次，构建基于综合运输通道供给方各运输方式企业的成本函数，通过供给方决策模型分析运输企业在非合作博弈平衡条件下的运输资源投入，当各运输企业按照该运输能力投入运输资源并获得相应市场份额时，则各运输方式企业均能获得盈利。最后，分析运输需求的变化导致的运输通道内企业运输结构的变化，运输企业可以通过嵌套 Logit 模型的估计结果调整运输服务产品的结构。

# 第六章 综合运输通道资源优化配置研究

## 6.1 综合运输通道资源合理性分析

### 6.1.1 基于用户视角的综合运输通道合理性分析

基于用户视角的区域综合运输通道合理性分析，可以看作运输通道用户为得到最佳运输服务而进行的决策过程，反应出用户的主观意图和倾向，尽管不同的用户有着自身不同的主观判断，但是通过大量的用户调查仍然可以找到影响所有用户判断的几个因素：

(1)通道运输费用。

运输费用是运输需求用户选择运输路线和运输工具最重要的考虑因素。由于我国公路、水路、铁路和航空运输的管理体制不同，其运输费用的制定机制也不相同。公路运输费用由公路运输企业的成本决定，也受市场供求关系的影响，同时接受政府部门的监管。航空运输费用由航空运输企业根据市场供需情况自主制定，同时政府对其进行调控和指导。内河水路运输费用由水运企业根据供需情况自主制定，同时接受政府部门的监管。铁路运输费用由铁路运输企业根据市场情况，在政府指导的价格水平上进行上下浮动。目前，四种运输方式费用除铁路运输费用没有全面放开以外，其他三种运输方式费用均可根据市场供需情况制定。区域综合运输通道上运输组合方式中包含多种运输方式，因此运输需求用户在做选择时，不只关注出发时的运输方式费用，还要考虑中转后的运输方式费用。在区域综合运输通道形成的初期，由于网络信息技术不发达，各种运输方式和企业之间缺乏沟通和衔接，用户了解中转后的运输方式费用的渠道较少，信息的准确性和时效性较差，此时的用户更多考虑出发时所选择运输方式的费用。随着网络信息技术的发展，综合运输体系的形成和完善，用户可以迅速准确地掌握中转后的运输方式费用，了解整个运输组合方式的费用。

由于运输费用的制定已经基本放开，区域综合运输通道所在的运输市场是一个需求价格弹性的市场，按照经济学需求价格弹性的原理，运输通道各运输组合方式的运输费用均较高，区域运输需求用户对于区域综合运输通道的满意程度较低，对通道的运输需求会减少；运输通道各运输组合方式的运输费用均较低，区域运输需求用户对于区域综合运输通道的满意程度较高，对运输通道的运输需求将增加。

(2)通道运输服务质量。

用户对运输服务质量的感受主要包括四个方面。

①运输的及时性。

运输的及时性主要包含准时和快捷。准时是指运输工具按照规定的时间将旅客或者货物正点送到目的地。快捷是指在保证运输安全的前提下，尽可能地提高旅客或者货物的运输速度，缩短运输时间。

因此，当区域综合运输通道由于基础设施改善和运输装备提高使运输速度提升时，用户感觉区域综合运输通道的服务质量较高；当区域综合运输通道由于基础设施停滞、运输装备落后导致运输速度下降时，用户感觉区域综合运输通道的服务质量较差。

②运输的舒适性。

客运的舒适性主要侧重于能进一步满足旅客在运输过程中的需求，随着人民物质文化生活水平的提高，旅客对运输的要求不断提高，例如宽大的乘坐空间、适合的乘车温度、可口的餐饮和适当的娱乐等，已经成为旅客对运输服务质量的要求。

货运的舒适性主要侧重于能保障货物在运输中质量不发生变化的需求，为了保障运输的货物在运输过程中质量不发生变化，货运用户对运输过程中环境的要求越来越高，例如防雨防潮、适当温度和减少颠簸等，已经成为货运用户对运输服务质量的要求。

因此，当运输通道上各类运输企业为适应市场需求不断更新和升级运输工具和装备时，用户感觉区域综合运输通道的服务质量较高；当运输通道上各类运输企业未能适应市场的需求，运输工具和装备落后时，用户感觉区域综合运输通道的服务质量较差。

③运输的便捷性。

便捷性主要包含两个方面：一方面是运输用户在办理运输业务时要求方便和简易，例如货运客户要求的一票制、旅客要求网上购票等。另一方面是运输用户要求随时随地其运输需求都能得到满足，减少运输过程中等待的时间。

因此，当运输通道上各类运输企业适应市场需求为运输需求用户提供便捷业务办理服务，增加运输设施设备和提高发车频率，此时用户感觉区域综合运输通道的便捷性较好。当运输通道上各类运输企业未能适应市场需求，各企业固守自己的某一种运输方式，不愿和其他运输方式企业联合，不能减少运输需求用户中转换乘的不便，同时没有投入更多的运力以减少运输过程中的等待时间，此时用户感觉区域综合运输通道的便捷性较差。

④运输的安全性

安全性是运输服务质量的首要特性。运输需求用户在全部运输过程中，在发生位置变化的同时，除了由于不可抗拒的天灾以外，不能出现其他各种形式的不安全因素。

因此，当运输通道上各类运输企业通过引进先进的信息技术，加强对运输过程的安全管控，同时运输通道管理者加强运输安全监管，从而减少整个运输通道运营过程中事故发生的频率，此时用户感觉区域综合运输通道的安全性较好。当运输通道上各类运输企业不注重安全管控，导致运输通道运营过程中事故频发，此时用户感觉区域综合运输通道的安全性较差。

### 6.1.2　基于企业视角的综合运输通道合理性分析

基于企业视角的区域综合运输通道合理性分析，可以看作运输通道上从事各类运输服务的企业为获得一定的经济利益而进行的决策过程，反应出运输企业的目标。通过大量的运输企业调研，可以找到影响运输企业对运输通道判断的几个因素：

(1)运输需求市场的规模和质量。

区域综合运输通道所覆盖和连接的区域内和区域外节点城市构成了一个依靠该通道进行对内对外运输的市场。影响运输需求市场规模和质量的因素有以下几方面：

①区域经济发展水平。

区域内城市以及和通道相连的区域外城市的经济发展水平都应该在考虑范围内。当区域外城市和区域内城市没有通道相连的时候，区域外的市场无法融入区域综合运输通道的运输市场。

首先，货运需求是派生的需求，需求的规模和质量取决于该区域的经济发展水平，如果运输通道覆盖区域的经济发展水平较高，表示该区域生产产品的能力较强，因此能产生大量的对内原材料运输需求和对外的产成品运输需求。其次，在客运需求中有一部分是由企业产生的商务性客运需求，如果运输通道覆盖区域的经济发展水平较高，将产生大量服务要求较高的、为生产和销售产品的商务性客运需求。

②居民收入和消费水平。

运输通道覆盖区域的对内货运需求除了生产企业的原材料需求以外，另一部分对内货运需求主要来自该区域的居民对物资产品的需求。当运输通道覆盖区域居民的收入和消费水平较高时，将产生大量的对内货运需求以满足居民的消费。随着区域居民收入和消费水平的提高，旅游、休养、探亲、访友的客运需求也将迅速增长。

③人口数量和城镇化程度。

人口数量是运输通道覆盖区域产生货运和客运需求的基础，人口基数大客货运需求就较大，人口基数小，即使经济水平和消费水平高，能产生的客货运需求仍然有限。同时，区域中城镇是产生货运和客运需求最大和最集中的地方，因此城镇化率越高的区域，其货运和客运需求也就越大。

④自然资源。

自然资源可分为两类，第一类是自然矿产资源，第二类是自然旅游资源。自然矿产资源是社会经济生活不可缺少的资源，例如煤炭、石油、有色金属和非金属等。当运输通道区域自然矿产资源比较丰富时，这些资源必然需要通过运输通道销售到其他地方，这将产生大量的对外货运需求。自然旅游资源是一种旅游资源，是社会经济发展到一定程度，为满足人们对精神文化生活的需求而形成的。当运输通道区域自然旅游资源比较丰富时，这些资源必然吸引外地的游客，这将在区域综合运输通道上产生大量的客运需求。

当综合运输通道所覆盖区域在以上各方面都处于较高的水平时，运输企业认为该区域综合运输通道是合理的，因此运输企业愿意在运输通道上投入各类运输资源。

(2)运输通道上运输工具的效益。

盈利是所有企业的经营目的，因此盈利空间也是运输企业对区域综合运输通道判断的重要依据。运输通道上运输企业的盈利空间主要是运输过程中产生的成本与运输价格之差。前面对运输价格已有描述，目前除铁路客运价格有一定限制以外，其他运输方式的价格均由企业自行决定并接受政府监督，但根据需求弹性理论，运输企业不可能无限制地提高运输价格，运输企业更多地需从减低成本来获得更多的盈利空间。因此，运输过程中耗费的时间越长，运输工具的能耗越多，所对应的运输成本越高；运输过程中耗费的时间越短，运输工具的利用率越高，运输能力越强，所对应的运输成本越低。区域两节点城市的实际运输距离要远远大于空间直线距离，而实际运输距离是由区域综合运输通道的各类型路段决定的。本研究引入非直线系数的概念，区域内某运输方式的非直线系数是指区域综合运输通道的实际运输距离与该运输方式所经给节点的空间直线距离的比值。区域综合运输通道中各种运输方式的非直线系数的均值则是整个运输通道的非直线系数。比值越接近 1，表示区域内企业的运输工具在区域综合运输通道中的运输距离越短，运输成本越低；反之，运输距离越大，运输成本越高。因此，区域综合运输通道的非直线系数是区域运输企业成本的重要影响因素。

(3)运输通道的政策环境。

运输通道的政策环境主要是指运输通道的相关管理部门所制定的影响区域运输企业的管理政策和措施。我国与运输企业相关的管理政策，大体可分为 3 类：

①运输收费政策。

运输收费政策主要是运输通道上运输管理部门对运输企业的行政性收费和运输管理部门对运输企业的经营性收费。经过我国各级政府的努力，目前行政性收费对于运输企业的影响已经非常微小，但是经营性收费对运输企业的影响还比较大。当区域运输通道的管理部门通过与通道基础设施经营单位协调，进一步降低运输通道的经营性收费，减少运输企业的运营成本，此时，企业认为运输通道的收费政策比较合理。

②运输管控政策。

运输管控政策主要是运输通道的管理部门为保障运输安全而制定的相关政策措施。目前主要的政策有限制装载量、限制运行时速、限制通行时间等。运输企业为降低运输成本，提高运输效率，获取更大的利润，必须充分利用运载工具的空间和载重，提高载运工具的运行时速，延长载运工具的运行时间。但是，运输管理部门从安全方面考虑，必须对装载量、时速和时间进行限制。因此，当区域综合运输通道的管理部门与运输企业进行充分沟通，在保证运输安全的前提下，尽量提高载货量和运行时速限制，延长通行时间限制，此时运输企业认为运输通道的管控政策比较合理。

③运输支持政策。

运输支持政策是由各级运输管理部门和政府引导，为使运输业有利于行业健康发展、有利于经济社会发展而制定的相关财税或金融等方面的支持政策。运输企业通过这些政策可以获得资金的支持，可以减免部分税负，可以获得部分特许经营的权利，从而减低运输企业的运营成本，提高企业的经营收益。因此，区域综合运输通道的管理部门和区域政府出台各种有利于运输发展的支持政策，引导运输企业充分利用综合运输通道资源，间接降低区域内运输企业的运营成本，此时，运输企业认为区域综合运输通道的经营环境较好，运输支持政策合理。

### 6.1.3 基于政府视角的综合运输通道合理性分析

基于政府视角的区域综合运输通道合理性分析，可以看作规划建设区域综合运输通道的政府管理部门为进一步提高运输通道的利用效率，充分发挥运输通道促进区域经济社会发展的决策过程，反应出政府规划建设区域综合运输通道的目标。影响政府对区域综合运输通道合理性判断的因素有以下几个：

(1)运输通道对经济社会发展的作用。

交通运输业是经济社会发展的重要支撑行业，合理的区域综合运输通道可以将区域内生产的特色产品快速高效地输送到全国乃至全球，可以为区域内特色旅游资源带来大量的游客。合理的运输通道降低了区域的物流成本，可以吸引企业在该区域投资，同时带来商务客流。但是，不合理的区域综合运输通道对区域经济社会将带来负面的影响，运输通道连接的发达地区，由于其综合优势，可能导致区域内的各类资源通过运输通道向其聚集，从而影响区域经济的发展。因此，政府可从以下几个方面分析运输通道对经济社会发展的作用：

①客货运输量。

分析区域运输通道形成之前和形成之后，区域内客货运输量的增减情况。如果通道形成之后客货运输量有明显增长，特别是区域对外输出货运量和区域对内吸引的客运量都有所增长，则表明区域综合运输通道在区域经济社会发展中起到一定作用；反之，则表明运输通道有待优化。

②工业发展情况。

工业发展情况主要是指为区域当地矿产资源和特色农业提供加工生产的工业的发展情况。如果区域综合运输通道形成后，区域内矿产和农业加工业向产业链的高端发展，向矿产品和农业产品的精加工和深加工发展，则表明区域综合运输通道在区域经济发展中起到一定作用；反之，则表明运输通道没有达到预期效果。

③旅游发展情况。

旅游发展情况主要是指区域内旅游资源开发、旅游收入和旅游人数等情况。如果区域综合运输通道形成后，区域内旅游景区以及特色旅游产品的数量有明显增加，同时旅游收入和旅游人数有增长，则表明区域综合运输通道在区域旅游发展中起到一定作用；反之，则表明运输通道还不够完善。

④区域人口情况。

区域人口情况可分为城镇化人口情况以及流出流入人口情况。首先，如果区域综合运输通道形成后，区域内各类型城市的人口明显增长，则表明运输通道对区域城镇化有明显作用。其次，分析区域总体人口数量的变化，包括流动人口，如果区域综合运输通道形成后，区域总人口数量增长，则表明运输通道对区域社会发展起到一定作用；如果区域总人口数量明显下降，则表明运输通道需要进行优化调整。

(2)运输通道利用率。

区域综合运输通道利用率即一段时间内运输通道中各类型运输基础设施的实际运输量与输送能力之间的比值。当通道内某运输基础设施的利用率接近于0时，基于政府视角，认为该运输基础设施利用率低，有待提高。当通道内某运输基础设施的利用率等于或大于1时，基于政府视角，认为该运输基础设施得到了充分利用；但是，此时运输通道基础设施必将出现拥挤，运输的安全性、可靠性将降低，直接造成运输服务质量的下降，最终导致下一个时间段该段运输基础设施利用率急剧下降。因此，基于政府视角，认为运输通道内各类型运输基础设施的合理利用率都应在一个接近1但小于1的范围内，不能超过各类型基础设施的输送能力。参考美国1994年版《公路通行能力手册》和孔庆铃的《铁路运输能力计算与加强》，基于政府视角的区域综合运输通道的合理运输通道利用率范围在80％～100％之间。

(3)连通覆盖程度。

由于区域综合运输通道的需求分散在一个较大的区域内，区域综合运输通道作为服务区域经济社会发展的公共基础设施，服务的区域越多越好。在区域综合运输通道形成的初期，运输通道主要覆盖区域的大城市，由于经济发展水平的限制，运输需求也都集中在大城市及其周边，此时运输通道是合理的。随着经济社会的发展，除大城市以外，许多中小城市的运输需求越来越多，此时，政府就希望通过交通基础设施的建设将通道覆盖至这些运输需求增长快的区域。

(4)运输通道的能耗和排放。

节能减排以及环境保护是目前政府在经济发展中比较关注的问题。运输通道上的载运工具需要消耗大量的能源,同时排放出污染物。随着运输技术的发展,如新能源汽车、高速动车组、磁浮列车等新的载运工具的应用,电气化铁路、磁浮铁路、无线射频技术、太阳能技术等新技术在运输基础设施上的应用,都对运输通道的能源消耗和污染物排放控制起到了一定的作用。因此,将这些新技术应用到运输通道优化中,并在节能减排方面发挥作用,就成为政府判断运输通道在能源消耗和污染物排放方面合理性的又一重要影响因素。

## 6.2 综合运输通道可持续发展评价研究

### 6.2.1 综合运输通道可持续发展评价指标体系

根据前面的分析,评价区域综合运输通道可持续发展,应该从政府、企业和用户三方面综合分析,因此,可以建立一套分层次、多指标的评价体系,指标体系由政府、企业和用户三大类指标构成。

政府类指标从四个层次对通道进行评价:首先是综合运输通道的投资建设对区域经济社会发展的影响和作用;其次是综合运输通道的实际使用效率;再次是综合运输通道的连通可靠性;最后是综合运输通道的环境影响程度。

企业类指标从三个层次对通道进行评价:首先是综合运输通道的运输市场规模,该指标将影响企业对运输通道上运输资源的投入;其次是综合运输通道上的运输工具的使用效率,该指标将影响运输企业的运输成本;最后是综合运输通道区域的运输政策环境,该指标主要表示综合运输通道区域内运输企业的生存环境。

用户类指标从两个层次对通道进行评价:第一是综合运输通道上的运输费用水平,第二是综合运输通道上的运输服务质量。运输费用不是越低越好,费用低可能导致时间成本增加,消费体验差,运输费用应该与区域内的居民消费水平和企业规模相关。

**表 6.1　综合运输通道评价指标体系**

| 评价大类 | 分层指标 | 具体指标 |
|---|---|---|
| 政府类 | 经济社会发展 | 莫兰指数 |
| | | GDP 贡献水平 |
| | | 工业贡献水平 |
| | | 旅游贡献水平 |
| | 实际使用效率 | 通道利用率 |
| | 连通覆盖性 | 通道覆盖程度 |
| | | 网络可达性 |
| | 环境影响程度 | 电气化铁路比例 |
| | | 环保车辆使用比例 |
| 企业类 | 市场规模 | 人均货运量 |
| | | 人均出行次数 |
| | 运输工具效率 | 通道平均货运成本 |
| | | 通道平均客运成本 |
| | 政策环境 | 收费政策 |
| | | 管控政策 |
| | | 支持政策 |
| 用户类 | 运输费用 | 人均运输消费水平 |
| | | 企业平均运输成本水平 |
| | 服务质量 | 及时性 |
| | | 便捷性 |
| | | 舒适性 |
| | | 安全性 |

### 6.2.2　综合运输通道可持续发展评价指标获取

1. GDP 贡献水平

GDP 贡献水平是反映区域综合运输通道的投资对区域经济发展的促进程度，等于区域 GDP 与区域综合运输通道的投资额之比。该指标越大，证明通道对经济发展的作用越大。具体公式如下：

$$CL_{GDP} = \frac{S_{GDP}}{TCCC + TCOC} \tag{6.1}$$

其中：$S_{GDP}$ 表示区域综合运输通道范围内地市 GDP 之和，$TCCC$ 表示区域综合运输通道的基础设施的投资成本，该成本属于估算成本，由区域综合运输通道各类基础设施的里程或数量乘以目前的平均建设成本计算；$TCOC$ 表示区域综合运输通道各类基础设施的运营维护成本，该成本属于估算成本，由区域综合运输通道各类基础设施的里程或数量乘以目前的平均运营维护成本计算。

2. 工业贡献水平

工业贡献水平反映区域综合运输通道的投资对区域工业发展的促进程度，等于区域工业增加值与区域综合运输通道的投资额之比。该指标越大，证明通道对工业的作用越大。具体公式如下：

$$CL_{IVA} = \frac{IVA}{TCCC + TCOC} \tag{6.2}$$

其中，$IVA$ 表示区域综合运输通道范围内地市工业增加值之和。

3. 旅游贡献水平

旅游贡献水平反映区域综合运输通道的投资对区域旅游业发展的促进程度，等于区域旅游业收入与区域综合运输通道的投资额之比。该指标越大，证明通道对旅游业的作用越大。具体公式如下：

$$CL_{TRI} = \frac{TRI}{TCCC + TCOC} \tag{6.3}$$

其中，$TRI$ 表示区域综合运输通道范围内地市旅游业收入之和。

4. 通道利用率

该指标反映区域综合运输通道的实际利用效率。本书将路段的负荷情况作为主要评价指标。

$$I_{EV} = \frac{Q_{ij}}{M_{ij}} \tag{6.4}$$

当 $I_{EV}$ 等于或接近于 1 时，则表示该路段通行能力得到充分利用；当 $I_{EV}$ 大于 1 时，则表示该路段处于超负荷状态；当 $I_{EV}$ 小于 0.3 时，表示该路段利用率不高。

5. 通道覆盖程度

根据分维理论，假设在边长为 $R$ 的城市群区域内有一条运输通道，现将该区域再分成 4 个边长为 $R/2$ 的子区域，当这 4 个子区域均有运输通道通过时，政府认为该运输通道的覆盖程度最好；当只有 3 个子区域有运输通道通过时，政府认为该运输通道的覆盖程度较好；当只有 2 个子区域有运输通道通过时，通道覆盖程度只有 50%，政府认为该运输通道的覆盖程度一般；当只有 1 个子区域有运输通道通过时，通道覆盖程度只有 25%，政府认为该运输通道的覆盖程度较差。根据 $R$ 的取值，通道覆盖程度的值不同，该指标越接近 100%，表明政府通道覆盖程度越好。

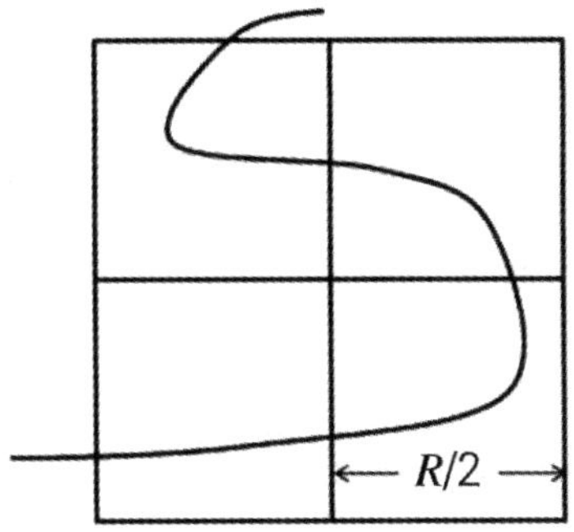


图 6.2　运输通道覆盖 4 个子区域

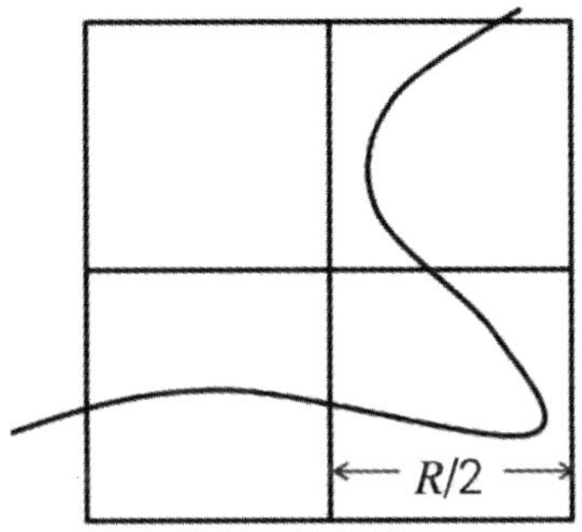


图 6.3　运输通道覆盖 3 个子区域

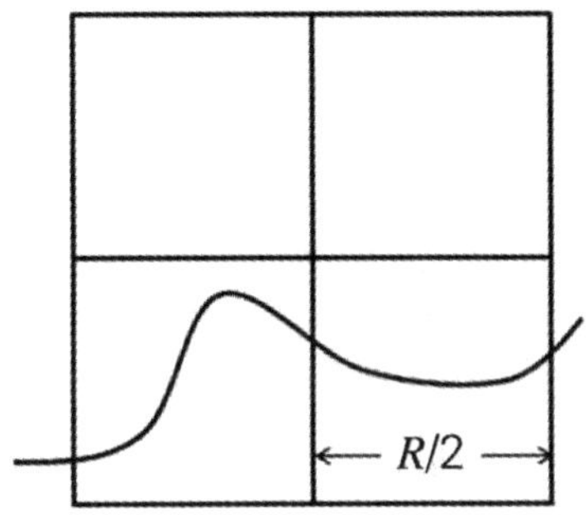


图 6.4　运输通道覆盖 2 个子区域

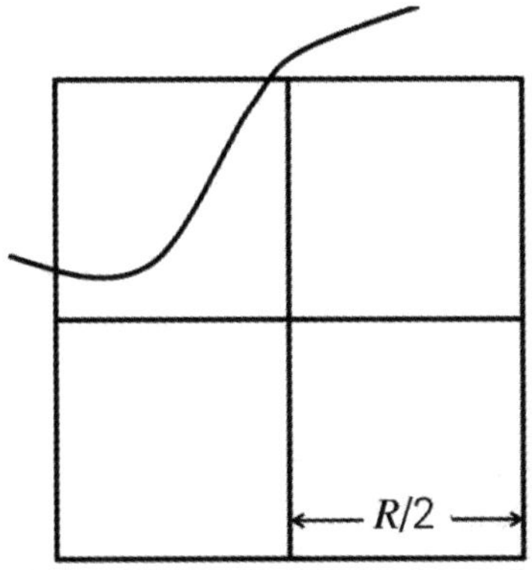


图 6.5　运输通道覆盖 1 个子区域

6.人均货运量

该指标主要反映综合运输通道区域内居民对货物运输需求的水平，该指标越大，证明区域内货运市场规模越大，货运企业对区域综合运输通道的投入也将越大。

$$PQS = \frac{QS}{POP} \tag{6.5}$$

其中：$PQS$ 表示综合通道区域人均货运量，$QS$ 表示区域各地市的总货运量，$POP$ 表示区域各地市的人口总和。

7.人均出行次数

该指标主要反映综合运输通道区域内居民出行需求的水平，该指标越大，证明区域内客运市场规模越大，客运企业对区域综合运输通道的投入也将越大。

$$PPC = \frac{PC}{POP} \tag{6.6}$$

其中：$PPC$ 表示综合通道区域人均出行次数，$PC$ 表示区域各地市的总客运量，$POP$ 表示区域各地市的人口总和。

8.通道平均货运成本和通道平均客运成本

这两个指标主要反映区域综合运输通道上运输工具的运输效率，直接反映通道内客货运企业的运输成本，通过区域综合运输通道定量识别得到。

9.政策环境指标

该指标主要反映区域综合运输通道范围内的运输政策，为定性指标。本研究采用二元对比的方式进行量化。

10.人均运输消费水平

该指标主要反映区域综合运输通道地区居民的出行消费占个人总消费的比例，人均运输消费水平是通道居民出行消费与区域内人口的总消费的比值。通道居民出行消费等于通道各路段各类运输方式上居民出行的数量乘以该路段该类运输方式的平均运输费用。

$$TCL = \frac{\sum_{j=1}^{n}\sum_{i=1}^{4} TMQ_{ij} \times TMC_{ij}}{POP \times PCCL} \tag{6.7}$$

其中：$TCL$ 表示人均运输消费水平，$i$ 表示运输方式，$j$ 表示通道运输路段，$TMQ_{ij}$ 表示通道第 $j$ 路段第 $i$ 种运输方式的年客运量，$TMC_{ij}$ 表示通道第 $j$ 路段第 $i$ 种运输方式的运输费用，$PCCL$ 表示综合运输通道区域的人均年消费水平。

11.企业平均运输成本水平

该指标主要反映区域综合运输通道地区企业的运输费用占主营业务成本的比例。通道内企业的运输费用等于通道各路段各类货物运输方式上货物运输的数量乘以该路段该类货物运输方式的平均运输费用。

$$FCL=\frac{\sum_{j=1}^{n}\sum_{i=1}^{4}FMQ_{ij}\times FMC_{ij}}{MBC} \tag{6.8}$$

其中：$FCL$ 表示企业平均运输成本水平，$FMQ_{ij}$ 表示通道第 $j$ 路段第 $i$ 种运输方式的年货运量，$FMC_{ij}$ 表示通道第 $j$ 路段第 $i$ 种货物运输方式的运输费用，$MBC$ 表示综合运输通道区域的企业主营业务成本。

12.服务质量

该层次指标主要反映通道运输需求客户对区域综合运输通道的感受，为定性指标，本研究采用二元对比的方式进行量化。

### 6.2.3　多系统模糊优选综合评价

模糊综合评价法是 1965 年由美国自动控制专家查德教授提出的，用以表达事物的不确定性。该方法根据模糊数学的隶属度理论把定性评价转化为定量评价，即用模糊数学对受到多种因素制约的事物或对象做出一个总体的评价。由于区域综合运输通道评价指标中的部分指标为定性指标，该方法能较好地解决模糊的、难以量化的问题，而且具有结果清晰、系统性强的特点，因此本研究采用此方法对区域综合运输通道进行评价[96-97]。

1.评价模型

区域综合运输通道主要从两个维度进行评价：第一是时间维度，得到不同时期区域综合运输通道的评价结果，并分析目前区域综合运输通道的状态；第二是空间维度，得到不同地区的区域综合运输通道的评价结果，对比发达地区的区域综合运输通道，分析本区域综合运输通道的差距。

首先，通过指标的相对优属度将定性和定量指标转换成无量纲的评价指标。$q(q=15)$个定量指标对区域综合运输通道的 $n$ 个时期或 $m$ 个不同区域的指标评价值矩阵如下：

$$\boldsymbol{X}=\begin{bmatrix} x_{11} & x_{12} & \cdots & x_{1n} \\ x_{21} & x_{22} & \cdots & x_{2n} \\ \vdots & \vdots & \vdots & \vdots \\ x_{q1} & x_{q2} & \cdots & x_{qn} \end{bmatrix},\boldsymbol{X}=\begin{bmatrix} x_{11} & x_{12} & \cdots & x_{1m} \\ x_{21} & x_{22} & \cdots & x_{2m} \\ \vdots & \vdots & \vdots & \vdots \\ x_{q1} & x_{q2} & \cdots & x_{qm} \end{bmatrix} \tag{6.9}$$

其中，$x_{ij}$ 为第 $j$ 个时期或第 $j$ 个区域的第 $i$ 个指标的评价值。$i=1,2,\cdots,q$；$j=1,2,\cdots,n$ 或者 $j=1,2,\cdots,m$。

按照指标相对优属度对不同指标进行无量纲化：

$$r_{ij}=\begin{cases}\dfrac{x_{ij}-\min\limits_{j} x_{ij}}{\max\limits_{j} x_{ij}-\min\limits_{j} x_{ij}}\text{，对于越大越优指标}\\ \dfrac{\max\limits_{j} x_{ij}-x_{ij}}{\max\limits_{j} x_{ij}-\min\limits_{j} x_{ij}}\text{，对于越小越优指标}\end{cases} \tag{6.10}$$

或者

$$r_{ij}=\begin{cases}\dfrac{x_{ij}}{\max\limits_{j} x_{ij}+\min\limits_{j} x_{ij}}\text{，对于越大越优指标}\\ 1-\dfrac{x_{ij}}{\max\limits_{j} x_{ij}-\min\limits_{j} x_{ij}}\text{，对于越小越优指标}\end{cases} \tag{6.11}$$

其中，$r_{ij}$ 的取值应该在 0 到 1 之间，前一个公式适合于同一时期或同一区域指标最大值和最小值相差较大的情况，后一个公式适合于同一时期或同一区域指标最大值和最小值相差不大的情况。无量纲化的指标相对优属度矩阵为：

$$\boldsymbol{R}_r=\begin{bmatrix} r_{11} & r_{12} & \cdots & r_{1n}\\ r_{21} & r_{22} & \cdots & r_{2n}\\ \vdots & \vdots & \vdots & \vdots\\ r_{q1} & r_{q2} & \cdots & r_{qn}\end{bmatrix},\boldsymbol{R}_r=\begin{bmatrix} r_{11} & r_{12} & \cdots & r_{1m}\\ r_{21} & r_{22} & \cdots & r_{2m}\\ \vdots & \vdots & \vdots & \vdots\\ r_{q1} & r_{q2} & \cdots & r_{qm}\end{bmatrix} \tag{6.12}$$

对其他 7 个定性评价指标进行二元对比，邀请专业人士对 $n$ 个时期和 $m$ 个区域的定性评价指标 $i(i=1,2,\cdots,7)$，构建二元对比评价值矩阵：

$$\boldsymbol{E}_i=\begin{bmatrix} e_{11}^i & e_{12}^i & \cdots & e_{1n}^i\\ e_{21}^i & e_{22}^i & \cdots & e_{2n}^i\\ \vdots & \vdots & \vdots & \vdots\\ e_{n1}^i & e_{n2}^i & \cdots & e_{nn}^i\end{bmatrix},\boldsymbol{E}_i=\begin{bmatrix} e_{11}^i & e_{12}^i & \cdots & e_{1m}^i\\ e_{21}^i & e_{22}^i & \cdots & e_{2m}^i\\ \vdots & \vdots & \vdots & \vdots\\ e_{m1}^i & e_{m2}^i & \cdots & e_{mm}^i\end{bmatrix} \tag{6.13}$$

$$e_{ab}^i\begin{cases}1\text{，评价指标 } i \text{ 城市 } d_a \text{ 比 } d_b \text{ 优越}\\ 0.5\text{，评价指标 } i \text{ 城市 } d_a \text{ 与 } d_b \text{ 同样优越}\\ 0\text{，评价指标 } i \text{ 城市 } d_b \text{ 比 } d_a \text{ 优越}\end{cases} \tag{6.14}$$

其中，$e_{ab}^i+e_{ba}^i=1$，计算矩阵$\boldsymbol{E}_i$的各行之和，并将其由大到小排列。以最大值所在的时期或者区域为标准，与其他时期或者区域就指标 $i$ 进行优越性对比，得到各时期和各区域关于指标 $i$ 的相对优属度为：$\boldsymbol{r}_i=(r_{i1},r_{i2},\cdots,r_{in})$，$\boldsymbol{r}_i=(r_{i1},r_{i2},\cdots,r_{im})$其中，$i=1,2,\cdots,7$。最终构成定性指标相对优属度矩阵：

$$\boldsymbol{R}_q=\begin{bmatrix} r_{11} & r_{12} & \cdots & r_{1n}\\ r_{21} & r_{22} & \cdots & r_{2n}\\ \vdots & \vdots & \vdots & \vdots\\ r_{71} & r_{72} & \cdots & r_{7n}\end{bmatrix},\boldsymbol{R}_q=\begin{bmatrix} r_{11} & r_{12} & \cdots & r_{1m}\\ r_{21} & r_{22} & \cdots & r_{2m}\\ \vdots & \vdots & \vdots & \vdots\\ r_{71} & r_{72} & \cdots & r_{7m}\end{bmatrix} \tag{6.15}$$

将$\boldsymbol{R}_r$和$\boldsymbol{R}_q$合并，得到定量和定性指标相统一的指标相对优属度矩阵：

$$\boldsymbol{R}=\begin{bmatrix} r_{11} & r_{12} & \cdots & r_{1n} \\ r_{21} & r_{22} & \cdots & r_{2n} \\ \vdots & \vdots & \vdots & \vdots \\ r_{q1} & r_{q2} & \cdots & r_{qn} \end{bmatrix},\boldsymbol{R}=\begin{bmatrix} r_{11} & r_{12} & \cdots & r_{1m} \\ r_{21} & r_{22} & \cdots & r_{2m} \\ \vdots & \vdots & \vdots & \vdots \\ r_{q1} & r_{q2} & \cdots & r_{qm} \end{bmatrix} \tag{6.16}$$

其中，$q=22$。

根据加权广义权距离平方和最小的原则，构造综合指标模糊优属度模型为：

$$^{k}u_{j}^{t}=\frac{1}{1+\left|\frac{\sum_{i=1}^{q}\left[{}^{k}w_{i}(g_{i}-{}^{k}r_{ij})\right]^{2}}{\sum_{i=1}^{q}\left[{}^{k}w_{i}({}^{k}r_{ij}-h_{i})\right]^{2}}\right|} \tag{6.17}$$

其中：${}^{k}u_{j}^{t}$ 表示第 $k$ 个指标层第 $j$ 个时期或者第 $j$ 个区域第 $t$ 个评价指标（子统系）的综合指标模糊优属度，${}^{k}w_{i}$ 表示第 $k$ 个指标层第 $i$ 个评价指标的权重，$g_i$ 表示第 $i$ 个指标的最优优属度值，$h_i$ 表示第 $i$ 个指标的最劣优属度值。

2. 权重确定

采用群决策层次分析法（AHP）确定各评价指标权重，组织若干专家对各评价指标之间的重要性进行主观判断，$a_{ij}^{1},a_{ij}^{2},\cdots,a_{ij}^{k}$ 表示 $k$ 个专家对指标 $i$ 与指标 $j$ 的重要性的判断。采用几何均值法对群体矩阵进行集结 $\left(\sum_{k=1}^{n}a_{ij}^{k}\right)^{\frac{1}{n}}$，得到各指标的主观分析权重。通过因子分析法将各指标样本数据进行处理，得到各指标的客观分析权重。

设 $a_i$ 为第 $i$ 个指标的主观分析权重，$b_i$ 为第 $i$ 个指标的客观分析权重，第 $i$ 个评价指标的综合权重为：

$$w_{i}=\frac{a_{i}\times b_{i}}{\sum_{i=1}^{n}a_{i}\times b_{i}} \tag{6.18}$$

其中，$w_i$ 为第 $i$ 个指标的综合权重。

3. 实证

本书选取湘西地区 2007 年、2013 年、2017 年已识别出的区域综合运输通道数据，以及长株潭地区和成渝城市群运输通道的数据[99-100]，构建基于时间的指标评价矩阵和基于地区的指标评价矩阵。请相关专家对 3 个地区和 3 个时间段的优越性做二元对比，得到综合指标的权重。

**表 6.2　群决策层次分析法综合指标权重表**

| 评价大类 | 具体指标 | 总体权重 | 分系统权重 |
|---|---|---|---|
| 政府类 | 莫兰指数 | 0.055 | 0.115 |
| | GDP 贡献水平 | 0.061 | 0.142 |
| | 工业贡献水平 | 0.042 | 0.101 |
| | 旅游贡献水平 | 0.041 | 0.101 |
| | 通道利用率 | 0.047 | 0.118 |
| | 通道覆盖程度 | 0.052 | 0.115 |
| | 网络可达性 | 0.043 | 0.115 |
| | 电气化铁路比例 | 0.031 | 0.097 |
| | 环保车辆使用比例 | 0.034 | 0.096 |
| 企业类 | 人均货运量 | 0.052 | 0.17 |
| | 人均出行次数 | 0.053 | 0.16 |
| | 通道平均运输速度 | 0.046 | 0.14 |
| | 通道平均运输时间 | 0.046 | 0.13 |
| | 收费政策 | 0.051 | 0.18 |
| | 管控政策 | 0.042 | 0.11 |
| | 支持政策 | 0.031 | 0.11 |
| 用户类 | 人均运输消费水平 | 0.052 | 0.19 |
| | 企业平均运输成本水平 | 0.042 | 0.15 |
| | 及时性 | 0.046 | 0.16 |
| | 便捷性 | 0.051 | 0.19 |
| | 舒适性 | 0.049 | 0.18 |
| | 安全性 | 0.033 | 0.13 |

利用评价模型得到各系统各层次的综合指标优度，如表 6.3 和表 6.4 所示。

**表 6.3　基于时间的湘西地区多系统综合评价指标相对优属度**

| 时间 | 2007 年 | 2013 年 | 2017 年 |
|---|---|---|---|
| 综合指标优属度 | 0.395 7 | 0.452 1 | 0.591 2 |
| 政府指标优属度 | 0.351 2 | 0.501 7 | 0.582 1 |
| 企业指标优属度 | 0.326 1 | 0.434 2 | 0.451 3 |
| 用户指标优属度 | 0.32 | 0.532 9 | 0.601 2 |

**表 6.4　基于不同地区的多系统综合评价指标相对优属度**

| 地区 | 湘西 | 长株潭 | 成渝 |
|---|---|---|---|
| 综合指标优属度 | 0.483 | 0.615 2 | 0.686 3 |
| 政府指标优属度 | 0.421 5 | 0.586 1 | 0.628 7 |
| 企业指标优属度 | 0.436 2 | 0.598 1 | 0.612 |
| 用户指标优属度 | 0.495 2 | 0.623 4 | 0.689 1 |

由表 6.3 和表 6.4 可知，从时间来看，湘西地区综合运输通道的发展趋势总体向好，但是企业指标的优属度落后于政府和用户指标，表明通道内运输企业的发展存在问题。从地区来看，湘西地区综合运输通道的发展与经济发达地区存在较大差距。

## 6.3　综合运输通道优化研究

### 6.3.1　综合运输通道局部布局优化

区域综合运输通道局部布局优化，是对区域综合运输通道各路段以及相连路段基础设施布局进行优化，寻找适合提升路段设计输送能力的路段，充分利用有限的交通基础设施建设资金。

1. 确定待优化的路段

待优化路段除包括区域综合运输通道路段以外，还包括综合运输通道网络中的其他路段。为缩小待优化路段的范围，首先应该确定通道以外路段对区域经济增长的作用，将促进区域经济增长的路段作为待优化路段。

首先，分析区域综合运输通道所连接的区域，根据已识别的区域综合运输通道，对通道连接的不同方向的城市群区域进行空间相关性分析，将莫兰指数 $I$、吉尔里指数 $C$ 和 Getis-Ord 指数显示均为正相关的方向作为待优化城市群区域。

其次，分别计算这些区域内各路段连接城市的局部莫兰指数：

$$S^2 = \frac{1}{n}\sum_{i=1}^{n}(x_i - \bar{x})^2 \tag{6.19}$$

$$\bar{x} = \frac{1}{n}\sum_{i=1}^{n}x_i \tag{6.20}$$

$$I_i = \frac{(x_i - \bar{x})}{S^2}\sum_{j=1}^{n}w_{ij}(x_j - \bar{x}) \tag{6.21}$$

式中：$x_i$ 表示城市 $i$ 的 GDP，$x_j$ 表示城市 $j$ 的 GDP，$n$ 表示待优化城市群区域城市的总数，$w_{ij}$ 表示目前综合运输网络连接各城市的路段权重。

$$w_{ij} = \frac{\frac{1}{tc_{ij}}}{\sum_{i=1}^{n}\sum_{j=2}^{n}\frac{1}{tc_{ij}}} \tag{6.22}$$

其中，$tc_{ij}$ 表示所连接的城市 $i$ 和城市 $j$ 之间的路段平均运输时间。

最后，将两个城市局部莫兰指数均为正数的连接路段以及综合运输通道路段作为待优化路段。

2. 确定优化路段

政府是综合运输通道局部布局优化的决策者和建设者，政府对于通道优化是否有效的判断主要是通道利用率，通道优化是为了降低运输需求客户的总运输成本，因此，可以构建以下双层规划模型。

首先，从政府角度构建通道利用率目标函数：

$$\begin{gathered}\min F = (1-\frac{X_a}{M_{ac}})^2 + \sum_{b=1}^{n-1}(1-\frac{X_b}{M_b})^2 \\ \text{s.t.}\quad a \in N, \\ c \in A\end{gathered} \tag{6.23}$$

$$\mathbf{N}=\begin{bmatrix}1 & 0 & \cdots & 0\\ 0 & 1 & \cdots & \cdots\\ \cdots & \cdots & \cdots & 0\\ 0 & \cdots & 0 & 1\end{bmatrix}_{n\times n} \tag{6.24}$$

其中：$n$ 表示待优化路段的数量；$N$ 表示优化路段向量集合，在待优化路段中选取其中一个路段进行优化；$A=\{1,2,3\}$ 表示采取的优化策略，包括建设普通铁路、建设高速公路、建设高速铁路。

从用户角度构建运输成本目标函数：

$$\min C(X) = \sum_{i=1}^{n}\int_0^{X_i} c_i(X)\mathrm{d}X \tag{6.25}$$

$$c_i = c_i^0[1+\alpha(\frac{X_i}{M_i})^\beta] \tag{6.26}$$

$$\sum_k f_k^{rs} = q_{rs}, f_k^{rs} \geqslant 0, \forall r,s, r\in R, s\in S \tag{6.27}$$

$$\sum_k f_k^{rs} = q_{rs}, f_k^{rs} \geqslant 0, \forall r,s \tag{6.28}$$

$$X_i = \sum_{rs}\sum_k f_k^{rs}\times\theta_{i,k}^{rs} \tag{6.29}$$

其中：$R$ 表示待优化路段所连接的起点城市，$S$ 表示待优化路段所连接的终点城市，$f_k^{rs}$ 表示城市 $r$ 与城市 $s$ 之间的运输量，$c_i(X)$ 表示路段运输成本，$q_{rs}$ 表示城市 $r$ 与 $s$ 之间的运输量，$\theta_{i,k}^{rs}$ 表示 $r$ 与 $s$ 之间第 $k$ 条路径经过路段 $i$ 的比例，$X_i$ 表示路段 $i$ 的运输量。采用遗传算法可以分别求出不同优化方案的通道利用率，选取通道利用率最高的方案。

### 6.3.2　综合运输通道供给结构优化

综合运输通道供给结构优化，是对区域综合运输通道内供需不平衡路段各类运输方式企业的运输资源投入进行优化。

1. 确定供需不平衡路段

根据需求效应函数计算需求均衡状态下，通道路段各类运输方式的运输需求占比，同时根据供给成本函数计算供给均衡状态下，通道路段各类运输方式企业的运输资源投入占比。当路段各类运输方式企业的运输资源投入占比与运输需求占比相等时，表示该路段为运输供需平衡路段；当路段各类运输方式企业的运输资源投入占比与运输需求占比不相等时，表示该路段为运输供需不平衡路段，需要对该路段进行供给结构优化。

2. 路段供给结构优化

路段各类运输方式企业是供给结构优化的决策者，企业对于供给结构优化的目的是获得最大收益，同时通道路段优化也是为了保证运输需求客户的成本最低。在铁路客运企业运输资源投入不变情况下，构建公路货运企业的路段优化模型。

从公路运输企业角度构建路段收益目标函数：

$$\begin{aligned}&\max F = p_g \times X_g - f(M_g)\\&\text{s.t.}\quad X_g \leqslant M_g,\\&\qquad X_g < X\\&\qquad M_g \leqslant MD_g\end{aligned}\tag{6.30}$$

$$\ln(f) = g_0 + g_1\ln(M_g) + g_2\ln(P_1) + g_3\ln(P_2) + g_4\ln(P_3) + g_5\ln(T)\tag{6.31}$$

其中：$p_g$ 表示路段公路客货运输单价，$X_g$ 表示路段公路客货运输量，$M_g$ 表示路段公路运输企业的运输资源投入，$f(M_g)$ 表示路段公路运输企业的成本函数，$MD_g$ 表示公路路段的设计输送能力；$X$ 表示路段运输量。

从铁路运输企业角度构建路段收益目标函数：

$$\begin{aligned}&\max F = p_t \times X_t - f(M_t)\\&\text{s.t.}\quad X_t \leqslant M_t,\\&\qquad X_t < X\\&\qquad M_t \leqslant MD_t\end{aligned}\tag{6.32}$$

$$\ln(f) = g_0 + g_1\ln(M_t) + g_2\ln(P_1) + g_3\ln(P_2) + g_4\ln(P_3) + g_5\ln(T)\tag{6.33}$$

其中：$p_t$ 表示路段铁路客货运输单价，$X_t$ 表示路段铁路客货运输量，$M_t$ 表示路段铁路运输企业的运输资源投入，$f(M_t)$ 表示路段铁路运输企业的成本函数，$MD_t$ 表示公路路段的设计输送能力。

从用户角度构建运输成本目标函数：

$$\min C(X) = \int_0^{X_g} c_g(X_g)\mathrm{d}X_g + \int_0^{X_t} c_i(X_t)\mathrm{d}X_t \qquad (6.34)$$

$$\text{s.t.} \quad X = X_g + X_t$$

$$c_g = c_g^0\left[1 + \alpha_g \left(\frac{X_g}{M_g}\right)^{\beta_g}\right] \qquad (6.35)$$

$$c_t = c_t^0\left[1 + \alpha_t \left(\frac{X_t}{M_t}\right)^{\beta_t}\right] \qquad (6.36)$$

其中：$c_g(X_g)$ 表示路段公路客货运输成本，$c_t(X_t)$ 表示路段铁路客货运输成本。在用户运输成本最低的条件下，模拟铁路运输资源投入 $M_t^0$ 不变情况下，公路运输企业收益最优时的运输资源投入 $M_g^1$，再模拟公路运输资源投入 $M_g^1$ 不变情况下，铁路运输企业收益最优时的运输资源投入 $M_t^1$，重复以上决策模拟 $n$ 轮，当路段各类运输方式企业运输资源投入趋于平衡时，得到路段供给结构的优化决策（$M_g^n$，$M_t^n$）。

### 6.3.3 综合运输通道内部运输企业转型升级

区域综合运输通道的作用是服务区域经济社会的发展，因此，通道运输企业必须与区域经济社会发展相适应，随着人民生活水平的提高、新的运输工具的应用以及信息技术的发展，因此通道运输企业需要通过转变服务模式，重新配置运输资源，实现企业的转型升级，更好地适应市场的需要。

1. 客运企业

首先，根据 5.3 节的分析可知，区域综合运输通道范围内，运输便捷程度对于客运需求选择运输方式和工具的影响最大。因此，提高运输便捷程度，缩短乘客换乘和等待运输工具的时间，是客运企业转型升级的重点。铁路客运企业应该优化站场布局，整合目前高铁和普铁客运站场，减少节点城市重复设置铁路客运车站，增加车站周边城市公共交通，通过先进的信息平台（特别是手机平台）合理安排乘客的出行时间，减少乘客等待时间。公路客运企业应该充分发挥公路运输“门到门”的优势，改变“人归点”的传统运营模式，实施“站运分离”，将公路客运班线延伸到乘客家门口。

其次，根据 5.3 节的数据分析，运输服务质量和运输时间对客运乘客选择运输方式和工具的影响相同，因此，客运企业需采用先进的运输工具和运营模式。铁路客运企业应大力发展高速动车组客运列车，开通以软卧为主和提供特殊餐饮服务的普通旅游观光列车，发展异地候车楼模式。公路客运企业应该尽快实现基于信息平台（特别是手机平台）的通道以及周边地区跨区域联网售票，优化客运车辆结构，投入 7 座及以下的车辆进行定制化班线运营，大力发展通道区域内精品旅游线路运输服务。

2. 货运企业

根据 5.3 节的分析可知，区域综合运输通道范围内，运输费用对于货运需求选择运输方式和工具的影响最大，因此，降低运输成本是货运企业关注的重点。铁路货运企业应该加强企业内部管控，减少货运列车承包经营等中间代理环节，充分利用信息平台（特别是手机平台）降低货运客户的交易成本。公路货运企业应该调整货运车辆结构，增加重型货车（14 吨以上）和新能源货车的数量，发展甩挂运输业务。公路货运和水路货运企业应该发展水运交易信息化平台（特别是手机平台），整合小型公路货运或水路货运企业以及个体户，向货运信息服务商转型。

随着电子商务的发展，高价值小件快运需求将越来越大，货运客户对运输服务质量的要求较高，因此，货运企业需要在运输工具和运营模式方面进行优化升级。铁路货运企业应大力发展驼背运输方式，降低货物在铁路运输中装卸破损的风险，同时加快中转的速度。公路货运企业应调整货运车辆结构，配置箱式货车，构建大型中转分拣和仓储中心，向储运结合的物流企业转型。

## 6.4　本章小结

本章从用户、企业和政府视角对综合运输通道的合理性进行归纳。用户主要从费用和服务质量分析，企业主要从运输需求市场的规模质量以及运输工具效率分析，政府主要从运输通道对经济社会发展的作用、利用率、连通覆盖程度和能耗排放分析。根据分析构建区域综合运输通道评价指标体系和多系统多层次模糊优先评价方法。

提出综合运输通道应从三个方面进行优化：第一是局部布局优化，通过构建通道利用率和用户成本最低的双层模型，确定需要优化的路段和优化方案；第二是供给结构优化，构建运输企业效益最优和用户成本最低的双层模型，通过多轮决策模拟得到路段供给结构优化方案；第三是运输企业转型升级，主要是从服务模式、运输工具、企业管控和信息平台建设等方面进行创新。

# 第七章　结论与展望

## 7.1　主要结论

本书提出区域综合运输通道的概念，分析通道的特点和需求，并利用交通规划理论，构建公路、铁路和水路的综合运输网络模型，提出网络中的标准客货运输量，构建路段输送能力函数、路段运输成本函数和区域综合运输通道内部运输方式效用函数。通过交通需求预测理论，构建了在缺乏大规模的出行调查和历史运输需求分布数据条件下，综合运输网络上出发和吸引运输需求的空间分布预测的方法。利用点轴理论、蚁群算法和均衡模型，构建区域综合运输通道定量和定性识别的方法。通过经济学统计理论，形成区域综合运输通道空间自相关和空间效应分析方法，构建基于区域综合运输通道内部供给侧成本函数的决策模型和通道运输企业运输结构分析方法。构建综合运输通道可持续发展评价指标体系和评价方法。从局部布局调整、供给结构调整和企业转型三个方面，建立综合运输通道优化方法和路径。

主要结论如下：

(1)基于蚁群算法和均衡模型的区域综合运输通道识别方法，能够较好地模拟区域运输需求的选择，识别不同时期的区域综合运输通道，根据识别结果证明区域综合运输通道形成演变的所经历的初期、中期和后期。

(2)通过空间自相关和空间效应分析，在连接不同经济发展水平的区域外城市时，局部综合运输通道对区域经济发展的影响不同。当局部综合运输通道连接的区域外城市和区域内城市经济发展水平相当时，通道促进区域经济的发展；当区域外城市经济发展水平远高于区域内城市经济发展水平时，通道对区域经济的促进作用小于对区域经济的抑制作用。

(3)基于用户需求均衡和供给侧均衡，得到通道内部各运输方式需求量和资源投入量占比。当运输资源投入占比等于需求量占比时，证明通道该路段处于供需平衡状态；当运输资源投入占比不等于需求量占比时,则需要通过运输企业效益最优和用户成本最低的双层模型,得到路段供给结构调整方案。

(4)通过空间自相关分析和局部莫兰指数,可以确定区域综合运输通道和相连接路段中需要进行优化的路段,构建通道利用率最大和用户成本最优的双层模型,能够在建设资金有限的条件下,为路段优化寻找最优方案。

(5)嵌套 Logit 模型分析通道运输企业内部运输结构,表明随着综合运输通道和区域经济社会的发展,运输需求客户出现分层,不同层次的需求特点不同,通道运输企业必须不断调整自身运输结构,使用新的运输工具、开发新的运输服务模式、建设信息平台,才能适应综合运输通道发展的变化。

(6)从用户、企业和政府三个视角,构建多系统多层次的综合运输通道可持续发展评价指标体系,并运用多系统模糊优先综合评价法,对通道可持续发展进行评价。

本书的研究成果,为主管区域经济发展的各级政府在规划、建设和优化区域综合运输通道基础设施方面,提供理论和数据支持,降低决策风险并有效利用有限的项目建设资金;也为区域综合运输通道内部运输企业的资源投入、经营模式、市场分析,提供决策依据。

## 7.2 创新性工作

本书进行的创新性工作如下:

(1)构建了包括公路、铁路和水路的综合运输网络模型,归纳综合运输网络中各种运输方式的标准客货运输量,同时构建了综合运输网络各运输方式的路段输送能力和运输成本函数。

(2)研究基于均衡模型和蚁群算法的综合运输通道定量识别方法,研究基于点轴理论和双核结构的综合运输通道定性识别方法,提出了定量模型分析和定性模型筛选的综合运输通道识别方法。

(3)提出了适用于刻画综合运输通道对区域经济增长影响规律的空间自相关分析方法和空间效应分析方法。

(4)以综合运输通道内部供需均衡分析为基础,分别构建了通道布局优化及路段运输结构优化的双层规划模型。

## 7.3 进一步研究的问题

本书的研究有利于政府对综合运输通道的管理和规划,也有利于通道内部运输企业的运营和资源配置,但限于笔者目前的研究水平和时间、精力,关于综合运输通道识别和资源优化配置的研究还有许多工作有待深入开展。

(1)本书研究的区域综合运输网络模型，主要考虑的是路段的输送能力和运输时间，没有对区域运输网络节点进行研究，因此，笔者认为可进一步对运输网络中的运输节点进行分析，将运输网络节点的中转能力和中转时间加入综合运输网络模型。

(2)区域综合运输通道研究范围大且复杂，研究所需的现成数据很少且获取困难，现场调查所耗费的人力物力较大，取得的数据资料也非常有限，因此，笔者认为可进一步研究综合运输通道数据获取的方法和途径，充分利用大数据的相关方法和理论。

(3)关于运输通道内部运输结构调整，只简单分析不同运输工具的结构调整对运输企业的影响，笔者认为可进一步分析不同运输模式的调整对运输企业的影响。

# 参考文献


[1]Robert Cervero. The Transit Metropolis: A Global Inquiry[M]. Washington, DC:Island Press,1998.

[2]Vilain P,Wolfrom P. Value pricing and freight traffic: Issues and industry constraints in shifting from peak to off-peak movements[J]. Transportation Research Record: Journal of the Transportation Research Board,2000,1707: 64-72.

[3]Kenmochi T,Oka H,Tani R. Freight transport in Tokyo Metropolitan Area (TMA) revealed by the TMA freight survey data[J]. IBS Annual Report,2016:18-32.

[4]Yosef Sheffi. Urban Transportation Network: Equilibrium Analysis with Mathematical Programming Methods[M]. Prentice-Hall Inc. , 1985.

[5]Michael G H Bell, Yasunori Iida. Transportation Network Analysis[M]. John Wiley & Sons, 1997.

[6]Taaffe E J,Gauthier H L, O'Kelly M E. Geography of Transportation[M]. 2nd ed. Prentice-Hall Inc. ,1996.

[7]Bell M G H, The estimation of origin-destination matrices by constrained generalized least square[J]. Transportation Research Part B: Methodological, 1991, 25: 13-22.

[8]Tomer Toledo,Tanya Kolechkina. Estimation of dynamic origin-destination matrices using linear assignment matrix approximations[J]. Transactions on Intelligent Transportation Systems, 1993,14:618-626.

[9]Katharina Parry, Martin L Hazelton. Estimation of origin-destination matrices from link counts and sporadic routing data[J]. Transportation Research Part B: Methodological, 2012,46:175-188.

[10] Bin Ran,David E. Boyce, Link-based variational inequality formulation of ideal dynamic user-optimal route choice problem[J]. Transportation Research Part C: E-

merging Technologies, 1996,4:1-12.

[11] Bin Ran,Nagui M Rouphal, Andrej Tarko,et al. Toward a class of link travel time functions for dynamic assignment models on signalized networks[J]. Transportation Reseach Part B: Methodological, 1997,31:277-290.

[12] James G A, Cliff A D,Haggett P,et al. Some discrete distributions for graphs with applications to regional transport network[J]. Geografiska Annaler,Series B: Human Geography, 2007,52:14-21.

[13]Garling. Theoretical Foundations of Travel Choice Modeling[M]. New York: Pergmon Elsevier Science Ltd. , 1998.

[14] David Henser. Travel Behaviour Research[M]. Longdon: Pergmon Elsevier Science Ltd. ,1988.

[15] Fadden D,Winston C,Boersch-Supan A. Joint estimation of freight transportation decision under nonrandom samping[J]. Analytical Studies in Transport Economics, 1985:137-157.

[16] Ham H,T J Kim, Boyce D, Implementation and estimation of a combined model of interregional, multimodal commodity shipments and transportation network flows[J]. Transportation Research part B, 2005,39:65-79.

[17]Geerlings H, Stead D. The integration of land planning, transport and environment in European policy and research[J]. Transport Policy, 2003,10:187-196.

[18] Jones S L, Aslam M, Robinson C,et al. Multimodal transportation planning needs survey[R]. Alabama: University Transportation Center for Alabama, 2003.

[19] Deakin E. Sustainable development and sustainable transportation: stratrgies for economic prosperity, environmental quality, and equity[R]. California: University of California at Berkeley, 2001.

[20] NCHRP. Multimodal transportation: development of a performance-based planning process[R]. Washington DC: National Academy of Science, 1999.

[21] Fernandez J E, DeCea J, Soto A O. A multi-modal supply-demand equilibrium model for predicting intercity freight flows[J]. Transportation Research Part B, 2003. 37:615-640.

[22] Chang, I. , A network-based model for market share estimation among competing transportation modes in a regional corridor[D]. University of Maryland, 2001.

[23] NCHRP. Multimodal corridor and capacity analysis[R]. Washington DC: National Academy of Science, 1998.

[24] Hjoon Chang . A network-based model for market share estimation among

competing transportation modes in a regional corridor [ D ]. University of Maryland, 2001.

[25] David Chapman, Dick Pratt, Peter Larkham,et al. Concepts and definitions of corridors evidence from England Midlands[J]. Joumal of Transport Georaphy, 2003,2: 179 -191.

[26] Hugo Priemus, Wil Zonneveld. What are corridors and what are issues[J]. Joumal of Transport Geogrphy, 2003,11:167-177.

[27] Rana P S. Guided corridor development for sustainable urban transport[C]//. Eighth International Conference on Uthan Transport and the Environment for the 21st Century, Urban Transport Ⅷ. UK,2002,206-218.

[28] Christina Diakaki, Markos Papageorgiou, Tom Mclean. Simulation studies of integrated corridor control in Glasgow [J]. Transportation Research C, 1997, 5: 211-224.

[29] Matthew G Karlaftis. A DEA approach for evaluating the efficiency and effectiveness of urban transit systems[J]. Europeans Journal of Operational Research,2004, 152(2):354-364.

[30] Osuji. Impact of anticipated transportation improvement on land values in Chicago [D]. University of Minois at Chicago, 1994.

[31]Loo Lee Sim, Lai Choo Malone-Lee, Kein Hoong Lawrence Chin. Integrating land use and transport planning to reduce work-related travel: a case study of Tampines Regional Centre in Singapore[J]. Habitat International,2001,25:399-414.

[32] EranFeitelsonl, Nir Papay. Sharing rights of way along inter-urban corridors a spatial temporal and institutional analysis[J]. Transportation Research Part D, 1999, 4: 217-240.

[33] Van Henggel. Citizens near the path of least resistance: travel behavior of century freeway corridor residents[D]. University of Califomia, 1996.

[34] Frankdouma, Kenneth A Kriz. Transportation corridors planning: a model and case studies[J]. Transportation Research-A, 2003,39:132-151.

[35]Covil James L, Castle David E, Zuelsdorf Robert J. Transamerica transportation corridor transportation options for the 21st century[C]//Proceedings of the Transportation Congress . Part 2. US,1995:369-375.

[36] Randolph W Hall. Effect of capacity concentration on highway corridor performance[J]. Transportation Res-A, 1997,31: 475-491.

[37] Takagi,Kiyoharu. The prospect of high-speed transportation system on Bei-

jing-Shanghai corridor[C]. Traffic and Transportation Studies Proceedings of ICTTS 2002. China,2002.

[38] Yao E, Morikawa T, Kurauchi S. A Study on Nested Logit Mode Choice Model for Intercity High-speed Rail System with Combined RP/SP Data [C]. Proceedings of the 3rd International Conference on Traffic and Transportation Studies. Guilin: ASCSE, 2002:612-619.

[39] Park Y, Ha H K. Analysis of the impact of gigh-speed railroad service on air transport demand [J]. Transportation Research Part E: Logistics and Transportation Review,2006,42 (2):95-104.

[40] Roman C, Espino R, Martin J C. Analyzing competition between the high speed train and alternative modes: The case of the Madrid-Zaragoza-Barcelona corridor [J]. Journal of Choice Modelling, 2010, 3(1):84-108.

[41]张文尝. 运输通道系统分析[J]. 交通运输系统工程与信息，2001,5:134 -139 .

[42]朱建梅. 竞争性运输通道选择的博弈模型研究[J]. 西南交通大学学报,2003,6:336-340.

[43]黄承锋. 论运输通道的时空结构及合理性[J]. 综合运输，2008,9:9-13.

[44]黄承锋，杨秀苔，李毅. 运输通道市场结构变动的静态博弈分析[J]. 重庆交通学院学报，2000,12: 106-109 .

[45]张迦南，赵鹏. 综合运输通道规划方法研究[J]. 北京交通大学学报,2010,3:142-147.

[46]王建伟. 空间运输联系与运输通道系统合理配置研究[D]. 西安:长安大学，2004.

[47]王建伟. 东北亚国际运输通道研究[J]. 长安大学学报(自然科学版),2004,4:77-82.

[48]何甜，朱翔，郑亮. 基于运输通道场理论的长株潭城市群经济聚散效应分析[J]. 经济地理,2016,2:27-35.

[49]卢毅，李华中，彭伟. 区域交通一体化规划整合模式框架[J]. 综合运输,2010,10:43-49.

[50]李宝国，蔡晨光，盛军. 基于灰色关联法的城市群客运一体化发展评价——以湖南“3+5”城市群为例[J]. 公路与汽运,2011,4:36-41.

[51]高雅婷，卢毅，吴颖，等. 长沙市过江通道的建设问题与对策研究[J]. 公路与汽运,2018,6:15-18.

[52]赵诗诗，卢毅，郝利烨. 基于节点重要度的城市群城际道路公交线路规划[J]. 公路与汽运,2018,6:24-30.

[53]吴颖，卢毅.城市经济发展与交通机动化的动态协整分析[J].系统工程，2014，9：90-96.

[54]黄中祥.区域交通规划中的系统思想[J].长沙交通学院学报，1996，12：20-23.

[55]吴颖，卢毅，黄中祥.城市群综合路网运输通道仿真识别与优化[J].长安大学学报自然科学版，2015，5：117-123.

[56]江小群.我国运输通道的空间格局及演化趋势[J].地理学与国土研究，1991，2：25-30.

[57]吴明，张瑗媛，李旭宏.基于经济联系势能模型的沪宁综合运输通道规划研究[J].公路交通科技，2010，10：153-158.

[58]王元庆，贺竹磬.多方式协调发展的运输通道布局规划体系[J].交通运输工程学报，2004，3：73-78.

[59]王争鸣."丝绸之路经济带"铁路通道发展战略研究[J].铁道工程学报，2014，1：24-31.

[60]于洋，张凌，陈英武.疆煤外运铁路运输通道布局方案研究[J].煤炭工程，2013，10：29-32.

[61]刘鹏.高速铁路对综合运输通道货运的影响研究[J].综合运输，2011，6：46-49.

[62]付建飞.我国运输通道客运比价关系研究[J].价格理论与实践，2016，1：97-100.

[63]包丹文，顾佳羽，贾俊华.基于可靠性的城市组团间运输通道优化方法[J].中国公路学报，2017，2：128-135.

[64]朱鸿国，赵文静，马壮林，等.广深运输通道内公共客流分担率预测模型研究[J].公路交通科技，2017，4：146-153.

[65]刘帅，唐伯明，陈坚.区域综合客运通道多方式竞争力博弈模型[J].交通运输工程学报，2017，2：136-142.

[66]姜攀，杨家其，房瑞伟.城市群综合运输通道布局优化双层模型[J].吉林大学学报(工学版)，2017，4：1061-1067.

[67]谢超达，王喜富.客货混合城市公路运输通道的拥挤特性及最优定价策略[J].公路交通科技，2017，10：144-151.

[68]邵俊杰."山西"地区煤炭外运新通道研究[J].交通运输系统工程与信息，2005，8：153-163.

[69]邵俊杰.货运通道系统成本计算方法研究[J].交通运输系统工程与信息，2011，5：29-34.

[70]王春芝，金俊武，李延忠.灰色局势决策理论在国际物流通道选择中的应用研究[J].西南交通大学学报，2001，4：121-125.

[71]王春芝. 国际物流通道优化理论方法与实证研究[D]. 长春:吉林大学,2004.

[72]姜攀,杨家其,房瑞伟. 城市群综合运输通道布局优化双层模型[J]. 吉林大学学报工学版,2017,4:1061-1067.

[73]白骅,朱彤. 运输通道货运量分担率的目标规划模型[J]. 长安大学学报自然科学版,2014,4:147-151.

[74]彭辉,续宗芳,韩永启,等. 城市群城际运输结构配置客流分担率模型[J]. 长安大学学报自然科学版,2012,2:91-95.

[75]朱从坤,王洁,冯焕焕. 区域运输通道内客运方式分担率模型[J]. 交通运输工程学报,2005,4:111-115.

[76]帅斌,青学江,霍娅敏. 通道 OD 矩阵推算算法的应用研究[J]. 西南交通大学学报,2001,4:121-125.

[77]朱晓宁. 集装箱多式联运通道规划理论与方法[M]. 北京:中国铁道出版社,2002.

[78]胡文友,李旭宏. 公路运输通道内的车辆出行路径选择模型及应用研究[J]. 公路交通科技,2003,1:125-129.

[79]黄苏才,王静. 高速公路通道运输结构合理配置模型研究[J]. 华东公路,1999,5:17-20.

[80]朱鸿国,赵文静,马壮林,等. 广深运输通道内公共客流分担率预测模型研究[J]. 公路交通科技,2017,4:146-153.

[81]王建强,杨菊花. 综合运输通道多种运输方式耦合度模型研究[J]. 兰州交通大学学报,2016,6:99-105.

[82]冯妍,李得伟. 基于 Logit 模型的城际运输通道客运量分担率计算研究[J]. 铁道运输与经济,2016,4:47-51.

[83]廖勇. 区域综合运输通道客运系统结构分析[D]. 成都:西南交通大学,2011.

[84]赵智帮,李鑫. 航道通过能力的计算方法[J]. 港工技术,2011,6:15-18.

[85] Paul Rosenstein-Rodan. Problems of industrialization of eastern and south-eastern Europe[J]. The Economic Journal,1943,6:202-211.

[86] Ragnar Nurkse. Problems of capital formation in underdeveloped countries[J]. Basil Blackwell,1953:2015-2016.

[87]陆大道. 区域发展及其空间结构[M]. 北京:科学出版社,1995.

[88]Harrod R F. An essay in dynamic theroy[J]. Economic Journal,1999:109.

[89] Robert M Solow. 经济增长因素分析[M]. 北京:商务印书馆,2003.

[90]Romer P. Increasing returns and economic growth[J]. American Economic Review, 1983:94.

[91]Lucas R E. Models of Business Cycles[M]. Basil Blackwell, 1988.

[92] Francois Bavaud. Models for spatial weights: a systematic look[J]. Geographical Analysis,2008,30:153-171.

[93] Bhat C R. Modeling the commute activity-travel pattern of workers: Formulation and empirical analysis[J]. Transportation Science,2007,35:126-132.

[94]Norojono O, Young W. A stated preference fright mode choice model[J]. Transportation Planning and Technology,2003,26:195-212.

[95] Leandro Garica-Menendez Inmaculada, Martinez-Zarzoso, Delia Pinero De Miguel. Determinant of mode choice between road and shipping for freight transport, evidence for four Spanish exporting sectors[J]. Journal of Transport Economics and Policy,2004,38:447-466.

[96]陈晓红,杨志慧. 基于改进模糊综合评价法的信用评估体系研究[J]. 中国管理科学,2015,1:146-153.

[97]纪昆,曾五一. 多目标多层次模糊优选综合评价法的应用研究[J]. 山西财经大学学报,2006,5:23-26.

[98]范英飞,章国鹏,徐梦清,等. 成渝城市群经济与交通运输通道协同演化表征方法[J]. 交通运输系统工程与信息,2018,3:234-241.

[99]皮安,涛魏军,王刚毅. 长株潭城市群运输通道配置研究[J]. 长沙大学学报,2012,2:84-86.

[100]刘丹青,田仪顺,赵光辉,等. 基于 AHP 的长株潭城市群运输通道综合评价[J]. 公路与汽运,2012,4:40-46.

[101]张学良. 中国交通基础设施促进了区域经济增长吗——兼论交通基础设施的空间溢出效应[J]. 中国社会科学,2012,3:60-78.

[102]张学良. 中国交通基础设施与经济增长的区域比较分析[J]. 财经研究,2007,8:51-63.

[103]黄中祥. 非均衡交通规划理论[M]. 长沙:湖南科技出版社,2002.

[104]陆化普. 交通规划理论与方法[M]. 北京:清华大学出版社,2006.

[105]邵春福. 交通规划原理[M]. 北京:中国铁道出版社,2004.

[106]雷洋, 吴园, 黄承锋. 后发地区交通基础设施建设与经济增长[J]. 公路,2013,2,135-139.

[107]孙正安,陈大伟,李旭宏. 基于 OD 分布的运输通道识别方法[J]. 交通运输工程与信息学报,2010,3:116-123.

[108] GB50139-2004. 内河通航标准[S]. 北京:中国标准出版社,2004.

[109] JT/T 402-1999. 汽车货运站(场)级别划分和建设要求[S]. 北京:中国标准出

版社,1999.

[110] JT200-2004. 汽车客运站级别划分和建设要求[S]. 北京:中国标准出版社,2004.

[111]况爱武. 多用户类弹性需求随机用户均衡模型及其求解[J]. 长沙理工大学学报(自然科学版),2007(4):16-20.

[112]李艳红,袁振洲,陈静云,等. 基于多目标决策的综合运输通道组合运能优化研究[J]. 吉林大学学报工学版,2009,39(6):1480-1485.

[113]李艳红,袁振洲,陈静云,等. 关于综合运输需求内涵及相关概念的界定[J]. 综合运输,2008(4):9-12.

图书在版编目（CIP）数据

湘西地区综合运输通道识别及对区域经济发展的影响研究 / 吴颖，孟子博著. -- 湘潭 : 湘潭大学出版社，2022.5
ISBN 978-7-5687-0834-0

Ⅰ. ①湘… Ⅱ. ①吴… ②孟… Ⅲ. ①综合运输—交通运输管理—影响—区域经济发展—研究—湖南 Ⅳ. ① F512.764 ② F127.64

中国版本图书馆 CIP 数据核字 (2022) 第 132797 号

# 湘西地区综合运输通道识别及对区域经济发展的影响研究

XIANGXIDIQU ZONGHE YUNSHUTONGDAO SHIBIE JI DUI QUYUJINGJI FAZHAN DE YINGXIANG YANJIU

吴颖 孟子博 著

**责任编辑**：丁立松
**封面设计**：张丽莉
**出版发行**：湘潭大学出版社
**社　　址**：湖南省湘潭大学工程训练大楼
**电　　话**：0731-58298960 0731-58298966（传真）
**邮　　编**：411105
**网　　址**：http://press.xtu.edu.cn/
**印　　刷**：长沙鸿和印务有限公司
**经　　销**：湖南省新华书店
**开　　本**：787 mm×1092 mm 1/16
**印　　张**：9.25
**字　　数**：219 千字
**版　　次**：2022 年 5 月第 1 版
**印　　次**：2022 年 5 月第 1 次印刷
**书　　号**：ISBN 978-7-5687-0834-0
**定　　价**：39.00 元